国学经典 | 典藏版

老 子

李存山　注译

中州古籍出版社
·郑州·

老子

目 录

导言 _____ 5
 一、老子其人:"其犹龙邪"? _____ 5
 二、《老子》其书:成书年代的争论 _____ 13
 三、简帛研究:仍有争议的问题 _____ 18
 四、"道德之意":老子的基本思想 _____ 28
凡例 _____ 45

上 篇

一章 ___ 47	二章 ___ 50	三章 ___ 52
四章 ___ 53	五章 ___ 54	六章 ___ 55
七章 ___ 56	八章 ___ 56	九章 ___ 58
十章 ___ 58	十一章 ___ 60	十二章 ___ 61
十三章 ___ 62	十四章 ___ 63	十五章 ___ 65
十六章 ___ 66	十七章 ___ 68	十八章 ___ 69
十九章 ___ 70	二十章 ___ 72	二十一章 ___ 74
二十二章 ___ 76	二十三章 ___ 77	二十四章 ___ 78
二十五章 ___ 79	二十六章 ___ 81	二十七章 ___ 82
二十八章 ___ 83	二十九章 ___ 84	三十章 ___ 85

三十一章 …… 87	三十二章 …… 88	三十三章 …… 89
三十四章 …… 90	三十五章 …… 91	三十六章 …… 92
三十七章 …… 93		

下 篇

三十八章 …… 95	三十九章 …… 97	四十章 …… 98
四十一章 …… 99	四十二章 …… 101	四十三章 …… 102
四十四章 …… 103	四十五章 …… 104	四十六章 …… 105
四十七章 …… 106	四十八章 …… 107	四十九章 …… 108
五十章 …… 109	五十一章 …… 111	五十二章 …… 112
五十三章 …… 114	五十四章 …… 115	五十五章 …… 116
五十六章 …… 118	五十七章 …… 120	五十八章 …… 121
五十九章 …… 122	六十章 …… 124	六十一章 …… 125
六十二章 …… 126	六十三章 …… 127	六十四章 …… 129
六十五章 …… 131	六十六章 …… 132	六十七章 …… 133
六十八章 …… 135	六十九章 …… 136	七十章 …… 137
七十一章 …… 138	七十二章 …… 139	七十三章 …… 141
七十四章 …… 142	七十五章 …… 143	七十六章 …… 144
七十七章 …… 145	七十八章 …… 146	七十九章 …… 147
八十章 …… 148	八十一章 …… 150	

附录 …… 151
  一、《史记·老子列传》注译 …… 151
  二、郭店楚墓竹简本《老子》释文 …… 156
  三、马王堆汉墓帛书《老子》甲、乙本释文 …… 162

主要参考书目 …… 188

导 言

中国文化经春秋战国时期的百家争鸣，自秦以后形成"儒道互补"的格局。儒家传统与道家传统都源远流长，不仅深刻地影响了中国的历史，而且继续影响着我们的现在和将来。儒家传统与道家传统的延续，都离不开其具有原创性的经典。儒家的经典是《五经》、《四书》，道家以及道教的经典则是《老子》、《庄子》和《列子》等书。《老子》又称《道德经》，是道家学派的开山之作，也是道教所尊奉的"第一经典"。其影响又不仅在于道家和道教，它是中国文化在世界历史的"轴心时期"产生的一部伟大经典，它是中华民族的，也是中华民族所贡献于世界的。（《老子》是世界上翻译最多、影响最大的文献之一，其英译本就达百种以上。）

《老子》的作者是春秋时期与孔子同时而比其年长的老子，但这一点自西汉初年就已有些扑朔迷离，"世莫知其然否"。近代以来，关于老子其人其书，学术界一直聚讼纷纭；迄至今日，尽管有了"地下之新材料"和传世文本的"二重证据"，但笼罩在《老子》上的疑云并没有完全消去。以下就老子其人其书及其基本思想作一介绍。

一、老子其人："其犹龙邪"？

司马迁在《史记》中作有《老子列传》，其首段云：

> 老子者，楚苦县厉乡曲仁里人也，姓李氏，名耳，字聃，周守藏室之史也。

苦县在春秋时期本属于陈国，后来楚灭陈，遂属于楚国，在今河南省鹿邑县东。"周守藏室之史"，就是东周朝廷里掌管藏书的官员。老子姓李，名耳，字聃，所以老子又称李耳、李聃或老聃。"老子"是尊称，但为什么李耳被尊称为"老子"而不称为"李子"呢？一说"老，考也"，"老聃，古寿考者之号也"，也就是说，因为老子长寿，故称为老子，甚至有的说老子"生而皓首，故称老子"；另一说，老子原姓老，老之变李，是因为老、李音近或音同，语转而然。至于"聃"字，又作"耽"，《说文》云："耽，耳大垂也"，"聃，耳曼也"。段玉裁《注》："耳曼者，耳如引之而大也。"虽然老子原姓李的可能性较大，但"老子"或"老聃"在历史上给人们留下的形象就是一个长寿、大耳的老者。

《史记》的传本中又有作"姓李氏，名耳，字伯阳，谥聃"。《史记》索隐云："有本'字伯阳'，非正也。然老子号伯阳父，此传不称也。""字伯阳"是后人加进《史记》的，其原本并不如此。《吕氏春秋·重言》篇云："圣人听于无声，视于无形，詹何、田子方、老耽是也。"高诱注："老耽学于无为而贵道德，周史伯阳也，三川竭，知周将亡，孔子师之也。"关于周史伯阳父论"三川竭"、"周将亡"，见于《国语·周语上》，时在周幽王二年（公元前780年），此距孔子有二百多年，老子并非伯阳父是可以肯定的。至于说老子是舜的老师伯阳（《吕氏春秋·当染》："舜染于许由、伯阳。"高诱注："伯阳，盖老子也，舜时师之者也。"），就更是无稽之谈了。高诱是东汉末年的经学家，可知老子在汉代已经被神化，以致后来成为道教的"道德天尊"、"玄元皇帝"、"太上老君"。除了神话之外，老子在正史中也仍有一些谜团。

关于孔子师事老子，《史记·老子列传》有记载：

孔子适周，将问礼于老子。老子曰："子所言者，其人与骨皆已朽矣，独其言在耳。且君子得其时则驾，不得其时则蓬累而行。吾闻之，良贾深藏若虚，君子盛德，容貌若愚。去子之骄气与多欲，态色与淫志，是皆无益于子之身。吾所以告子，若是而已。"孔子去，谓弟子曰："鸟，吾知其能飞；鱼，吾知其能游；兽，吾知其能走。走者可以为罔，游者可以为纶，飞者可以为矰。至于龙，吾不能知，其乘风云而上天。吾今日见老子，其犹龙邪？"

老子是周守藏室之史，对周礼应该十分了解。孔子以继承周礼为自己的文化使命，他到东周向老子问礼，是情理中的事。老子是如何向孔子传授周礼的，《史记》中没说，而载老子把孔子教训了一顿，告诫他要"去子之骄气与多欲，态色与淫志"。孔子对老子的告诫是怎么表示的，《史记》中也没有说，似乎孔子对此告诫并不反感，而对老子其人尤其感到高深莫测。他说，我知道鸟能飞，鱼能游，兽能走，也知道如何对付它们，但龙"乘云气而上天"，我就不能知道了，老子"其犹龙邪"？

有学者考证，《史记》中关于孔子向老子问礼的记述，可能本之于《庄子》。在此书的《天道》篇中有这样的话：

孔子西藏书于周室。子路谋曰："由闻周之徵藏史有老聃者，免而归居，夫子欲藏书，则试往因焉。"孔子曰："善。"往见老聃，而老聃不许，于是繙《六经》（"六"原误作"十二"）以说。

此书的《天运》篇又讲：

孔子行年五十有一而不闻道，乃南之沛，见老聃。……

孔子见老聃归，三日不谈。弟子问曰："夫子见老聃，亦将何规哉？"孔子曰："吾乃今于是乎见龙。龙，合而成体，散而成章，乘云气而养乎阴阳。予口张而不能嗋。予又何规老聃哉？"

沛在当时为宋地，此与"孔子适周"之说不同。但此记孔子说"吾乃今于是乎见龙……乘云气而养（翔）乎阴阳"，与《史记》的记载相似。司马迁是否把《天道》篇和《天运》篇两处所说合在一起了呢？《庄子》书中还有多处讲到孔子与老子的交往对话，这里就不俱引了。

《史记》中还有两处对孔、老关系的记载。一处见于《孔子世家》：

> 鲁南宫敬叔言鲁君曰："请与孔子适周。"鲁君与之一乘车，两马，一竖子俱，适周问礼，盖见老子云。辞去，而老子送之曰："吾闻富贵者送人以财，仁人者送人以言。吾不能富贵，窃仁人之号，送子以言，曰：'聪明深察而近于死者，好议人者也；博辩广大危其身者，发人之恶者也。为人子者毋以有己，为人臣者毋以有己。'"孔子自周反于鲁，弟子稍益进焉。

《孔子世家》记此事是在孔子十七岁至三十岁之间，后来边韶《老子铭》、郦道元《水经注》都说"孔子年十七问礼于老子"。另一处见于《仲尼弟子列传》：

> 孔子之所严事：于周则老子；于卫，蘧伯玉；于齐，晏平仲；于楚，老莱子；于郑，子产；于鲁，孟公绰。

看来，司马迁对于孔子曾经师事老子是深信不疑的。但也有学者说，《庄子》书中"寓言十九"，多无实事，司马迁相信了"庄周之徒所捏造"，"杂凑了许多材料，并没有加考辨"，"不足信也"[①]。

值得注意的是，孔子曾经师事老子，不仅见于道家和史家的文献，而且也见于儒家的文献。如《礼记·曾子问》载曾子、子夏向孔子问丧礼，孔子在回答时有四处提到"吾闻诸老聃曰"，其中一

[①] 孙次舟：《跋〈古史辨〉第四册并论老子之有无》，《古史辨》第六册，上海古籍出版社，1982年，第76、93页；唐兰：《〈老子〉时代新考》，《古史辨》第六册，第605页。

处说：

> 曾子问曰："葬引至于堩，日有食之，则有变乎？且不乎？"孔子曰："昔者吾从老聃助葬于巷党，及堩，日有食之。老聃曰：'丘，止柩就道左，止哭以听变。'既明，反而后行。曰：'礼也。'……"（注：堩，墓地的道路。）

此处提到的"巷党"可能是鲁国的地名，而"日有食之"与《春秋经》记鲁昭公七年"日有食之"相合，这一年孔子正是十七岁。但《春秋经》记昭公世的日食凡七次，孔子在哪一年、何地向老子问礼，仍不能确定。如果按《庄子·天运》篇所说孔子五十一岁"见老聃"，而那一年并无日食，与此相近的是鲁定公十五年，即孔子五十七岁时有日食。

除了《礼记·曾子问》之外，在《孔子家语》的《五帝》篇和《执辔》篇也有两处提到孔子说"昔丘也闻诸老聃曰"，《韩诗外传》卷五中也记子夏说"仲尼学乎老聃"。可见，虽然孔子何时、何地、几次向老子问礼，并不能确定，但有此事实是儒、道两家都承认的。唐代的韩愈在《原道》一文中对此提出批评：

> 老者曰："孔子，吾师之弟子也。"……为孔子者，习闻其说，乐其诞而自小也，亦曰："吾师亦尝云耳。"不惟举之于口，而又笔之于书。噫！后之人虽欲闻仁义道德之说，其孰从而求之？

韩愈否认孔子曾经师事老子，是出于建立儒家道统说的需要，而没有历史的根据。近代以来亦有学者否认孔子曾向老子问礼，而证据只能说明"其年难定"、"其地无据"，并不能说明实无此事。

《史记·老子列传》还有《老子》之成书的记载：

> 老子修道德，其学以自隐无名为务。居周久之，见周之衰，乃遂去。至关，关令尹喜曰："子将隐矣，彊为我著书。"于是老子乃著书上下篇，言道德之意五千余言而去，莫知其所终。

对这段记载也有些疑问。首先是"至关"的"关"是哪个关。一说是函谷关，在今河南省灵宝市东北；一说是散关，在今陕西省宝鸡市西南大散岭上。一般认为此指函谷关为是，但清代学者汪中在《老子考异》中指出，函谷关之置是在战国时期秦献公之世（献公元年为公元前384年），这已是孔子去世（公元前479年）近一百年以后了。其次是"关令尹喜"为何时的人物。此人一般被称为关尹或关尹子（一说关令尹即守关的关吏，名喜；一说姓关名尹，"关令尹喜曰"本无"令"字，意谓关尹喜悦而发言。此姓名的疑问无关宏旨，可以不论）。《庄子·天下》篇云：

> 以本为精，以物为粗，以有积为不足，澹然独与神明居。古之道术有在于是者，关尹、老聃闻其风而悦之。

此处不知为什么把关尹列在老聃之前。《庄子·达生》篇、《吕氏春秋·审己》篇和《列子·说符》篇等都记关尹与列子同时，而《庄子·让王》篇和《列子·说符》篇又都记列子与"郑子阳"同时。此"郑子阳"一说是郑相子阳，而郑相子阳据《史记·郑世家》是在郑繻公二十五年（公元前398年）被杀，这已接近秦献公之世了；另一说是郑君子阳，即《韩非子·说疑》篇"郑子阳身杀，国分为三"的子阳，此子阳在史书上没有留下确切的年代，但《庄子·应帝王》篇和《列子·天瑞》篇等又记列子师事壶丘子林，与伯昏无人相友，据《庄子·德充符》篇和《吕氏春秋·下贤》篇，壶丘子林、伯昏无人与子产同时，而《左传》明确记载子产与孔子同时。如果依前一说，老子见关尹就不可能了；而依后一说，则子产、关尹、列子均与孔子同时，老子"至关"而见关尹，"乃著书上下篇，言道德之意五千言而去"是可能的。

《老子列传》又说：

> 或曰：老莱子亦楚人也，著书十五篇，言道德之用，与孔子同时云。

《史记》正义云:"太史公疑老子或是老莱子,故书之。"其实,司马迁未必怀疑"老子或是老莱子",因为在《仲尼弟子列传》中司马迁已明列老子与老莱子是两个人,而且老莱子"著书十五篇,言道德之用"与老子"著书上下篇,言道德之意"也不相合。但司马迁为什么要在《老子列传》中提到老莱子呢?有学者认为这只是"附见之耳",与慎到、田骈、公孙龙、墨翟等"附见于《孟子荀卿列传》同义"①。但"附见之"不应插在老子传记的中间,其真实的原因可能是当时有人怀疑"老子或是老莱子",所以司马迁记上了这个"或曰"。

《老子列传》中又有对老子享寿多少年的"或言":

> 盖老子百有六十余岁,或言二百余岁,以其修道而养寿也。

如果说老子活了一百余岁,尚有此可能;如果说老子活了二百余岁,就有些神化了。二百余岁的"或言"又是与接下来的一段记载相联系的:

> 自孔子死之后百二十九年,而史记周太史儋见秦献公曰:"始秦与周合,合五百岁而离,离七十岁而霸王者出焉。"或曰儋即老子,或曰非也,世莫知其然否。

关于周太史儋见秦献公,在《史记》的《周本纪》和《秦本纪》中都有记载,时在周烈王二年、秦献公十一年,也就是公元前374年,因此,这不是孔子死后一百二十九年,而是一百零五年的事。"或曰儋即老子,或曰非也,世莫知其然否",如果"儋即老子",那么老子就是活了二百余岁了。当时的人们"莫知其然否",但近代以来的学者则可以肯定春秋时期的老子绝非战国时期的太史儋。然而,因为对孔子是否曾经问礼于老子有疑问,又因为对老子"至关"的"关"是何时设置、"关令尹喜"是何时的人物有疑问,所以"儋即老子"

---

① 高亨:《〈史记·老子传〉笺证》,《古史辨》第六册,第461页。

就有可能了；当然，说"儋即老子"已不是指春秋时期的老子，而是说著《老子》上下篇的老子即战国时期的太史儋，清代的学者汪中在《老子考异》中就已持这样的观点，现代的学者则有谓汪说"要为千古卓识"①。

《老子列传》说："老子，隐君子也。""隐君子"就是隐士，这与老子先为周守藏室之史，后来"免而归居"或"见周之衰，乃遂去"的身份相符合。也可能正是因为老子之"隐"，史迹不详，所以《老子列传》中才留下了这些疑问。《老子列传》接着有对老子后代的记载：

> 老子之子名宗，宗为魏将，封于段干。宗子注，注子宫，宫玄孙假，假仕于汉孝文帝。而假之子解为胶西王卬太傅，因家于齐焉。

这段记载仍留下了疑问。"段干"是魏国的地名，而老子之子"宗"封于段干，此人当即《战国策·魏策三》和《史记·魏世家》中所记的"段干崇"或"段干子"（"宗"与"崇"古音同而通用），《魏策三》和《魏世家》记魏王派段干崇向秦割地讲和是在魏安釐王四年、秦昭王三十四年（公元前273年），此时距孔子去世已二百多年，所以段干宗不可能是老子的儿子，而与太史儋的年代稍接近，故有可能是太史儋之子。②"宗子注，注子宫，宫玄孙假，假仕于汉孝文帝。而假之子解为胶西王卬太傅"，若此则"解"为老子的八代孙，而与"解"同时的孔安国已是孔子的十三代孙。老子既年长于孔子，则其八代孙与孔子的十三代孙同时，"未免不合情理"③。因此，关于《史记》对老子世系的记载，要么是认为不可据信，要么是把老子世系每

---

① 钱穆：《老子辨》，大华书局，1935年，第8页。
② 高亨：《〈史记·老子传〉笺证》，《古史辨》第六册，第473页。
③ 梁启超：《论〈老子〉书作于战国之末》，《古史辨》第四册，上海古籍出版社，1982年，第306页。

代之间的时间拉长,或将其中的"玄孙"解释成"远孙"(这样就多出了几代),①再就是认为司马迁误把太史儋的世系作为老子的世系了。

司马迁生当汉初,去古未远,他当时对老子其人的了解当比后世学人了解得更多。但当时老子的情况已经有了一些"世莫知其然否"的传说,司马迁是本着"信以传信,疑以传疑"的精神撰写了《老子列传》。仔细分析起来,司马迁基本上肯定了春秋时期的老子就是《老子》一书的作者,但对当时的一些"或曰"、"或言"也没有做出或是或非的明确判断,而采取了"存疑"的态度。这样就给后人留下了种种疑问,备下了种种争端。孔子说,老子"其犹龙邪"?"龙"的形象一是有些神奇、高远,一是有些飘渺、隐逸。我们现在虽然是把老子作为一个平实而伟大的思想家,但也应该承认,受史料所限,老子周围的疑云还不能全然消去。

二、《老子》其书:成书年代的争论

20世纪20、30年代,受五四新文化运动"整理国故"和撰写"中国哲学史"著作的影响,学术界对老子其人其书的问题,进行了一次集中的讨论,主要的文章被收入当时出版的《古史辨》第四册和第六册中。如上所述,司马迁在《老子列传》中对老子之事迹和《老子》之成书的记载留下了一些疑问,而在现代的学术背景下,关于老子其人其书的争论,关键在于《老子》之成书是在什么年代,因为这个问题不明,先秦时期的学术思想谱系就难以确定。

胡适在1919年出版的《中国哲学史大纲》(卷上),按蔡元培在"序"中所说,此书的"特长"有四:"第一是证明的方法","第二是扼要的手段","第三是平等的眼光","第四是系统的研究"。这四

---

① 张煦:《梁任公提讼〈老子〉时代一案判决书》,《古史辨》第四册,第312~313页。

个"特长"不仅深深地影响了以后"中国哲学史"学科的发展，而且深深地影响了关于老子其人其书的讨论。其中"扼要的手段"，即"截断众流，从老子、孔子讲起"，老子是中国哲学史上的第一位哲学家。

梁启超在1922年写了一篇对胡适《中国哲学史大纲》的评论，其中对老子其人其书提出了六点疑问：第一，《史记·老子列传》记老子八代孙与孔子十三代孙同时，"未免不合情理"；第二，墨子、孟子极好批评，但对老子思想"始终不提一字"；第三，孔子向老子问礼，与《老子》五千言的精神不合；第四，《史记》的记载大部分取材于《庄子》，而《庄子》大部分是寓言，不可据信；第五，从思想系统上论，老子的话太自由，太激烈，不大像春秋时人说的；第六，从文字语气上论，"王侯"、"万乘之君"、"仁义"、"取天下"等不像是春秋时人所有。据此，梁启超认为，"老子这部书或者身份很晚，到底在庄周前或在其后，还有商量余地①"。

对于梁启超提出的六点疑问，有赞成者，也有反驳者。当时张煦就作了一篇《梁任公提讼〈老子〉时代一案判决书》，对这六点逐一进行反驳，指出"梁任公所提出各节，实不能丝毫证明《老子》一书有战国产品嫌疑"②。张文之后，顾颉刚、钱穆、张寿林、唐兰、黄方刚、罗根泽等学者陆续发表文章，众说纷纭，争执不下。

1931年，冯友兰的《中国哲学史》（上卷）出版。此书与胡适的《中国哲学史大纲》不同，是"自孔子讲起"，认为"在中国哲学史中，孔子实占开山之地位"。关于《老子》一书，冯书是将其置于孟子、杨朱之后。冯先生说：

《老子》一书……系战国时人所作。关于此说之证据，前

---

① 梁启超：《论〈老子〉书作于战国之末》，《古史辨》第四册，第307页。
② 张煦：《梁任公提讼〈老子〉时代一案判决书》，《古史辨》第四册，第312页。

> 人已详举（参看崔东壁《朱泗考信录》、汪中《老子考异》、梁启超《评胡适之〈中国哲学史大纲〉》），兹不赘述。就本书中所述关于上古时代学术界之大概情形观之，亦可见《老子》为战国时之作品。盖一则孔子以前，无私人著述之事，故《老子》不能早于《论语》。二则《老子》之文体，非问答体，故应在《论语》、《孟子》后。三则《老子》之文为简明之"经"体，可见其为战国时之作品。此三端及前人所已举之证据，若只任举其一，则不免有为逻辑上所谓"丐词"（Begging the question）之嫌。但合而观之，则《老子》之文体、学说及各方面之旁证，皆指明其为战国时之作品，此则必非偶然矣。①

冯先生的这段话，虽然留下了被讥为"聚蚊可以成雷"的口实，但却讲明了关于《老子》一书争论的一个实际情况，即：对《老子》一书有种种疑问，争论即由这些疑问而起，认为《老子》一书晚出者是把这些疑问"合而观之"，从而作出其晚出的推断；但这些疑问"分而观之"，毕竟还是"疑"，而不是必然的证据，所以认为《老子》一书早出者即可对晚出的"证据"逐一进行反驳，从而认为晚出说不能成立。

冯著出版的当年，胡适就写了《与冯友兰先生论〈老子〉问题书》，对其所举"三端"及梁启超的六点疑问进行了逐条反驳。随后，胡适又写了《评论近人考据〈老子〉年代的方法》，其中特别针对"丐词"说指出：积聚了许多"逻辑上所谓'丐词'"，并不能成为"定案的证据"，"聚蚊可以成雷，但究竟是蚊不是雷；证人自己已承认的'丐词'，究竟是'丐词'，不是证据"。胡适在此文的结束语中说：

> 我至今还不曾寻得老子这个人或《老子》这部书有必须移

---

① 冯友兰：《三松堂全集》第二卷，河南人民出版社，2000年，第400页。

到战国或战国后期的充分证据。在寻得这种证据之前,我们只能延长侦查的时期,展缓判决的日子。

怀疑的态度是值得提倡的。但在证据不充分时肯展缓判断(Suspension of judgement)的气度是更值得提倡的。①

应该说,胡适的这种态度是较为客观的。当时参加争论的各方,不管是否同意胡适的"展缓判决",实际上也只能提出种种"假说"或"假定",而不可能得出证据确凿、足以说服对方的定论。

从1919年到1936年,关于《老子》一书的争论空前热烈,《古史辨》第四册和第六册收入了当时论辩的主要文章。这两册的主编罗根泽在"自序"中说:

> 关于考据《老子》年代的文章,止第四册及本册所收,就有三十五六万言,真是有点小题大作。不要说旁观者望而却步,当事者也见而生畏。但《老子》的年代问题,究竟是需要解决的,除非将先秦的学术束之高阁,否则这个问题如不解决,一切都发生障碍。②

后面的话实际上已说明了这个问题的重要性,而并非"小题大作"。在"自序"的最后,罗根泽列举了宋代、清代和当时学者对老子其人其书的二十九种见解(方括弧内文字为笔者所加):

(一)陈师道:老子在关[尹]、杨[朱]后,墨、荀间。

(二)叶适:著书之老子,非孔子问礼之老子。

(三)黄震:《老子》书作于隐士嫉乱世而思无事者。

(四)宋佚名:同于叶适。

(五)吴子良:著书之老子,即孔子问礼之老子。[以上宋代]

(六)毕沅:孔子问礼之老子,即太史儋。

---

① 胡适:《评论近人考据〈老子〉年代的方法》,《古史辨》第六册,第410页。
② 《古史辨》第六册"自序",第1页。

（七）汪中：老子即太史儋，在孔子后。

（八）崔述：春秋时有老聃，但孔子并没有向他问礼，《老子》书是杨朱之徒的伪托。

（九）牟廷相：老子在周称伯阳父，在春秋称老聃，至战国称太史儋，《老子》书作于战国。[此说荒诞，可以不计。]

（十）康有为：《老子》书在孔子后。[以上清代]

（十一）梁任公［启超］先生：《老子》书作于战国之末。

（十二）张怡荪［煦］先生：《老子》书无产于战国嫌疑。

（十三）唐立厂［兰］先生：老聃确长于孔子，《老子》书是老聃的遗言，撰成在《墨》、《孟》撰成的时期。

（十四）刘泽民［汝霖］先生：教孔子者是老聃，辑老聃格言为《老子》书者是［战国时期的］李耳。

（十五）张仁父［寿林］先生：《老子》著作的时代在孟子前后。

（十六）钱宾四［穆］先生：《老子》成书于宋钘、公孙龙同时或稍后，作者大概是詹何。至孔子问礼的老子是老莱子，即荷蓧丈人。

（十七）张西堂先生：《老子》书成于《庄子》内篇后。

（十八）黄方刚先生：老子长于孔子；《老子》书成于孔子时。

（十九）冯芝生［友兰］先生：老聃与李耳非一人；《老子》在孔、墨之后。

（二十）张季同［岱年］先生：《老子》书是战国初期的产品，老子思想在孔、墨之后，杨朱、慎到、申不害、孟子、庄子之前。老子有是太史儋的可能。

（二十一）顾颉刚先生：老聃是杨朱、宋钘以后人；《老子》书成于《吕氏春秋》与《淮南子》之间。

（二十二）胡适之先生：孔子确曾向老子问礼，《老子》书确是老子所作。

（二十三）马夷初［叙伦］先生：《老子》非战国后期作品。

（二十四）张季善先生：同于胡适之先生。

（二十五）高晋生先生：同于胡适之先生。

（二十六）叶青先生：同于胡适之先生。

（二十七）郭沫若先生：老聃确是孔子之师；《老子》书是关尹即环渊所记老聃语录。

（二十八）谭戒甫先生：孔子问礼之老子为老莱子，即老彭；著书之老子为老聃，即太史儋。

（二十九）罗根泽：老聃即太史儋；《老子》书即太史儋所著。①

这些不同的见解，大致可分为《老子》书是早出和晚出两种观点。持《老子》书早出观点的，即肯定《老子》书是春秋时期的老子所作，或《老子》书是春秋时期老子的遗言、语录，由其后学编纂而成；持《老子》书晚出观点的，即否认《老子》书的作者是春秋时期的老子，而认为此书是战国时人所作，或认为作于战国前期，或认为作于战国中期至末期，最甚者是认为其成书于秦汉之际。

三、简帛研究：仍有争议的问题

汉代以后，《老子》一书有众多的注本。据唐末杜光庭《道德真经广圣义》的"序"，当时流传的《老子》注本已有六十余种。据《汉书·艺文志》和《隋书·经籍志》，《老子》注本佚失的数量更多。由宋至清，《老子》注本又有大量的增益。我们现在所能看到的《老子》古代注本不下数百种。就注家所依据的《老子》一书的版本而言，

---

① 《古史辨》第六册"自序"，第24~26页。

流传最广的是河上公注本和王弼注本。《老子河上公章句》是托名汉文帝时的"河上公"为《老子》作注，其成书可能在东汉时期。王弼的《老子道德经注》是魏晋时期玄学的重要代表作。"河上本近民间系统，文句简古，其流派为景龙碑本、遂州碑本与敦煌本"，"王本属文人系统，文笔晓畅，其流派为苏辙、陆希声、吴澄诸本"①。与河上公注本相近的古本还有汉代的严遵《老子指归》本，此书在宋代以后残缺，"经文多被后人窜改，而同河上本合流"②。唐代的傅奕校定《道德经古本篇》，主要是在王弼注本的基础上参校了"彭城人开项羽妾冢"所得古本。唐代以后，各注家"因时世俗尚，依违于河上、王弼二本之间"③。近代以来，在学术界较通行的是王弼注本。1973年，湖南长沙马王堆三号汉墓出土了帛书《老子》甲、乙本。1993年，湖北荆门郭店一号楚墓又出土了竹简《老子》甲、乙、丙三组。这样，学术界研究《老子》就有了"地下之新材料"和传世文本相互参照的"二重证据"。

马王堆帛书《老子》甲本用篆书抄写，不避"邦"字讳，乙本用隶书抄写，避"邦"字讳而写为"国"，传世本中作"常"的字在帛书甲、乙本中多作"恒"，"常"可能是为避汉孝文帝刘恒讳而改。这说明帛书甲、乙本均抄写于汉初，甲本当抄写于刘邦称帝之前，乙本当抄写于刘邦称帝之后。甲、乙两本的句型、虚词及所用古今字、假借字等均有差异，说明两本的来源不同，不是抄自同一古本。帛书本与传世诸本相比，主要有以下不同：

（一）传世诸本的"上下篇"是道篇在前，德篇在后，而帛书甲、乙本均是德篇在前，道篇在后。帛书甲本在上下篇之间只有一个分章符号（圆点），乙本在德篇后写有"德三千卌一"，在道篇后写有"道二千四百廿六"。帛书本的上下篇顺序与《韩非子·解老》的

---

①③ 朱谦之：《老子校释》序文，中华书局，1984年。
② 高明：《帛书老子校注》序，中华书局，1996年。

顺序略相合。另外，严遵《老子指归》现存"德经"部分七卷，据其序文《说二经目》所云"上经四十"，"下经三十有二"，也是"德经"在前。

（二）严遵本是按照"阴道八，阳道九，以阴行阳"将《老子》分为"七十有二首"，除此之外的传世诸本一般都是分为八十一章，上篇"道经"三十七章，下篇"德经"四十四章（元代吴澄《道德真经注》认为八十一章有不当分而分者，合并为六十八章，上篇三十二章，下篇三十六章）。帛书乙本不分章，是连续抄写。甲本也是连续抄写，但又有十九个分章圆点，其中十三个圆点与诸传本的分章相符，另有六个圆点是点在传世本的某章之内（如在四十六章的"天下无道，戎马生于郊"与"祸莫大于不知足"之间有分章点）。

（三）在帛书甲、乙本中，相当于传世本二十四章的文字是抄在二十二章的文字之前；相当于传世本四十一章的文字是抄在四十章的文字之前；相当于传世本八十章和八十一章的文字是抄在六十七章的文字之前。帛书本的顺序可能比较合理，如四十章与四十二章相连，"天下万物生于有，有生于无"的后面就是"道生一，一生二，二生三，三生万物"。

除了以上三点大的不同外，帛书甲、乙本与传世本相比，字句上也有不少相殊的地方。虽然帛书本也有损掩、脱文、衍误等缺点，但抄写的时间早，"近古必存真，因而较多地保存了《老子》原来的面貌"[1]。用帛书本可以校勘传世本的讹误，这是《老子》研究者的共识，但在是否把帛书本视为"最好的本子"，或是否要用帛书本"取代"传世本的问题上，学界存在着分歧，较多研究者所取的态度是"以帛书为权衡，而不泥古；以各家作参考，而不执一"[2]。

《老子》帛书本的出现，其价值主要在于《老子》版本的校勘方

---

[1] 高明：《帛书老子校注》序。
[2] 张松如：《老子校读》引言，吉林人民出版社，1981年。

面。而对于《老子》成书的年代问题，由于帛书本是汉初的抄本，所以它至多是否定了《老子》成书于秦汉之际（《吕氏春秋》至《淮南子》之间）的观点；对于《老子》是成书于春秋时期还是战国前期、中期或末期，帛书本并没有提供证据。

1993年，郭店竹简本《老子》出土，这给研究者提供了新的材料。郭店一号楚墓"具有战国中期偏晚的特点，其下葬年代当在公元前四世纪中期至前三世纪初"①，竹简本《老子》的抄写时间不会晚于公元前三百年左右，这比帛书本的抄写时间早了约一百年。考虑到《老子》从成书到流传，以至被抄写而成为随葬品，不会是一个很短的过程，所以其书当在战国早期或中前期已经存在。这样，竹简本《老子》的出土，就否定了《老子》成书于战国中期（庄子、孟子之后）的观点。

然而，竹简本《老子》仍留下了争议的问题。竹简本《老子》的整理者按竹简字体、形制的不同，将其分为甲、乙、丙三组。甲组的内容包括传世本的十九章、六十六章、四十六章中段和下段、三十章上段和中段、十五章、六十四章下段、三十七章、六十三章、二章、三十二章、二十五章、五章中段、十六章上段、六十四章上段、五十六章、五十七章、五十五章、四十四章、四十章、九章。乙组的内容包括传世本的五十九章、四十八章上段、二十章上段、十三章、四十一章、五十二章中段、四十五章、五十四章。丙组的内容包括传世本的十七章、十八章、三十五章、三十一章中段和下段、六十四章下段。三组简文的总字数只相当于传世本五千余言的五分之二②。由此，研究者产生了几种不同的观点。

一种观点认为，竹简本《老子》是一个原始的、完整的传本，它不含有今本（传世本）中的高远玄虚之论、非黜儒家之语、南面

---

① 荆门市博物馆：《荆门郭店一号楚墓》，《文物》1997年第7期。
② 荆门市博物馆编：《郭店楚墓竹简》，文物出版社，1998年，第111页。

权谋之术，它有完全区别于今本的独特的思想体系，其作者就是春秋时期与孔子同时的老聃，而今本则是战国中期的太史儋对竹简本《老子》加以改造、重编、增订而成。竹简本《老子》与今本《老子》可以说是两部不同的书。《史记·老子列传》中记载的孔子向之问礼的老子，是竹简本《老子》的作者；而"至关"（函谷关），受关尹之请，"乃著书上下篇，言五千余言而去"的老子，是战国中期见秦献公的太史儋。今本《老子》成书年代的下限为太史儋出关后见秦献公时，即公元前374年，其上限不早于秦献公元年，即公元前384年。由于太史儋将老聃书纳入自己的著作，将两个人的作品熔为一炉，久而久之，人们便把两书误为一书，把两位作者误为一位作者，以致司马迁为老子作传时所看到的"已是团团迷雾"了。①

另一种观点认为，在竹简本《老子》之前已经存在着一个类似于通行本规模与次序的《老子》书，竹简本《老子》的甲、乙、丙三组只是当时的节抄本。之所以如此，原因不外乎有二，一是由于竹简繁重，抄写不易，书写工具不便，流传受到影响，全本不易流传；二是抄写者根据自己的构思和意图来进行节抄，三组简文都体现出抄者的侧重，如丙组的主题是治国，乙组的主题是修道，甲组的第一部分的主题与丙组相似，主要讨论治国方法，第二部分的主题是关于道、天道与修身的。② 竹简本为节抄本的另一方面的根据是，与郭店

---

① 郭沂：《楚简〈老子〉与老子公案》，《中国哲学》第二十辑，辽宁教育出版社，1999年。郭沂在《郭店竹简与先秦学术思想》一书中对此说略有修正，认为郭店《老子》也可能并非当时《老子》的全部，今本《老子》中那些与简本思想、语言一致的部分有可能原属古本《老子》，而那些与简本不一致甚至冲突的部分，尤其是那些风格玄奥、谈论权术、抨击儒家思想的部分，都应该属于今本作者太史儋。见《郭店竹简与先秦学术思想》，上海教育出版社，2001年，第514～516页。
② 陈鼓应：《从郭店简本看〈老子〉尚仁及守中思想》；王博：《关于郭店楚墓竹简〈老子〉的结构与性质》。二文均载《道家文化研究》第十七辑，三联书店，1999年。

一号墓年代相先后的一些引用老子语句的材料并不见于三组简文中，如《战国策·齐策四》载齐国颜斶云："老子曰：虽贵必以贱为本，虽高必以下为基，是以侯王自称孤、寡、不穀。"此为通行本三十九章文字。颜斶与齐宣王同时，其年代与郭店墓下葬之时相距不远。《庄子·天下》篇引老聃曰："知其雄，守其雌，为天下谿……"为通行本二十八章文字。这些材料均不见于郭店《老子》中，说明郭店《老子》并不是当时流行的《老子》全本。[1]

第三种观点更多地举证了先秦时期引用老子语句的材料，如《说苑·敬慎》篇记叔向（与孔子同时人）说："老聃有言曰：'天下之至柔，驰骋乎天下之至坚。'又曰：'人之生也柔弱，其死也刚强；万物草木之生也柔脆，其死也枯槁。'"《战国策·魏策一》记魏武侯（公元前395～公元前370年在位）说："故老子曰：'圣人无积，尽以为人，己愈有；既以与人，己愈多。'"这些见于今本的话，俱不见于竹简本，足证郭店《老子》并非一个完足本。这种观点虽然从整体上肯定《老子》一书为春秋末期老子的著作，但并不同意把郭店《老子》看做一个底本的摘抄本的看法，而认为《老子》书不一定全都是老子一人完成的，很可能是逐步完善、发展演变成通行本样式的，其大体规模当在战国早期或稍晚已基本形成，但至战国中期偏晚其结构可能仍然是松散的，或可称为"《老子》丛书"或"活页文本"。从《老子》一书的原始形态向郭店竹简本、马王堆帛书本及各通行本的发展，编者们都是在有意识地重新编辑《老子》，使之趋向更为合理化，成为名副其实的一部书或文章。因为《老子》一书经历了一个完善化、合理化的过程，所以就版本的优劣而言，很难说简本《老子》一定优于其后诸本，正如很难说帛书本《老子》一定优于其后各通行本一样。[2]

---

[1] 王博：《关于郭店楚墓竹简〈老子〉的结构与性质》。
[2] 丁四新：《郭店楚墓竹简思想研究》，东方出版社，2000年，第36～47页。

竹简本《老子》与帛书本、通行本《老子》在内容上有一个重要的不同，即帛书本、通行本中比较激烈地批评儒家仁义思想的话不见于竹简本。如十九章的"绝仁弃义，民复孝慈"，在竹简本中作"绝伪弃诈，民复孝慈"；五章的"天地不仁，以万物为刍狗；圣人不仁，以百姓为刍狗"，不见于竹简本。研究者由此认为，早期的儒道关系并不像后来那样对立。① 但是，又有研究者认为——此可算做第四种观点——竹简本《老子》不仅是摘抄本，而且是"援道入儒"的产物，是"儒家化"了的改编本，或者说是邹齐儒者的版本。② 这样就更增加了对《老子》版本认识的复杂性，而要从竹简本《老子》来探讨《老子》的原貌或"祖本"就更成为一个有争议的问题。

1998年5月在美国达慕思大学曾召开过一次关于郭店《老子》的国际研讨会。美国布朗大学的罗浩（Harold D. Roth）教授在会上提出，传世《老子》与郭店《老子》之间有三种可能的关系，可以用三种模型来表示：（一）辑选模型；（二）来源模型；（三）并行文本模型。图示如下：

模型一

八十一章《老子》祖本

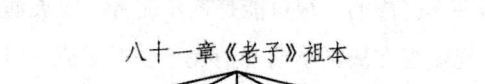

郭店《老子》　马王堆本　河上公本　傅奕本　河/王合本

---

① 陈鼓应：《从郭店简本看〈老子〉尚仁及守中思想》；李存山：《从郭店楚简看早期道儒关系》，《道家文化研究》第十七辑。
② 周凤五：《郭店竹简的形式特征及其分类意义》；黄钊：《竹简〈老子〉的版本归属及其文献价值探微》；黄人二：《读郭简〈老子〉并论其为邹齐儒者的版本》。三文均载《郭店楚简国际学术研讨会论文集》，湖北人民出版社，2000年。

模型二

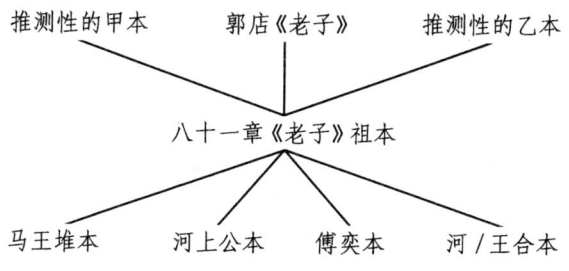

模型三

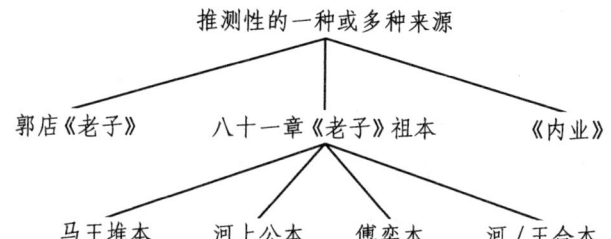

模型一：郭店《老子》对文是《老子》祖本的"辑选"，因此称之为"辑选"模型。

模型二：郭店《老子》对文是祖本《老子》的来源之一，因此称之为"来源"模型。

模型三：郭店《老子》对文自身构成一种独立的文本，同祖本《老子》及如从罗浩的研究中发现的《管子·内业》等类似作品一样，来自更早的一种或多种原始材料，因此我们称之为"并行文本"模型。①

以上"模型一"似可以对应上面介绍的第二种观点即郭店《老子》为一节抄本的观点，第四种观点即"儒家化"改编本的观点也可粗略归入其中。"模型二"可以大致对应上面介绍的第一种观点，

---

① 邢文编译：《郭店老子：东西方学者的对话》，学苑出版社，2002年，第66~67页。

特别是对所谓"完整的传本"略加修正了的观点。"模型三"与第三种观点稍有相似之处,但也有重要的不同,似可把第三种观点图示为"模型四":

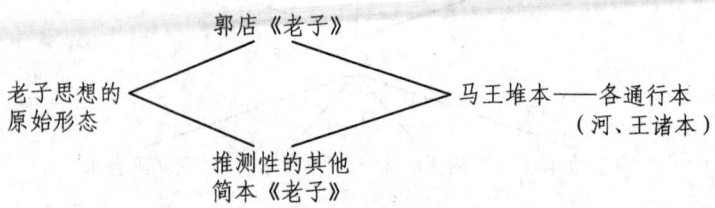

此模型可称之为"演变模型"。在此模型中,还容有一些细微的差别,比如:《老子》一书在逐步完善、发展演变的过程中,可能不仅是结构形式上的编辑,而且可能加进一些老子思想的原始形态所本来没有的内容。如通行本四十二章的"道生一,一生二,二生三,三生万物",按帛书本的顺序是紧接着"天下万物生于有,有生于无"说的,竹简本《老子》中有"天下万物生于有,有生于无",而没有"道生一,一生二,二生三,三生万物",后者可能是后来加进《老子》一书的,这样就可以解释为什么在《老子》书中出现了"道"就是"一"和"道生一"的矛盾。①

竹简本《老子》甲组和丙组中都有相当于通行本六十四章的内容,但语句差异较大。罗浩教授对其异同进行了比较,认为这两组简文不可能互相抄袭,而是有两种不同的来源。这说明在郭店竹简本完成之时,《老子》的文本仍处于尚未定型的变化状态,作为一部整体的、完整的文献,《老子》一书也许并非完成于一时。② 事实上,持上述第二种观点的学者,如王博博士,也注意到竹简本《老子》甲组和丙组所显示的传本的不同,从而认为《老子》书从出现到定型

---

① 李存山:《从郭店楚简看早期道儒关系》;《庄子思想中的道、一、气》,《中国哲学史》2001年第4期。
② 邢文编译:《郭店老子:东西方学者的对话》,第68~71页。

确实经历了一个流动而漫长的过程。就竹简本、帛书本和通行本在语句上的差异而言，通行本与帛书本不同的地方，并不就意味着晚出，而是它有另外的来源，即竹简本也是通行本的来源之一。① 这样，我们就可以把以上"模型四"修改为"模型五"：

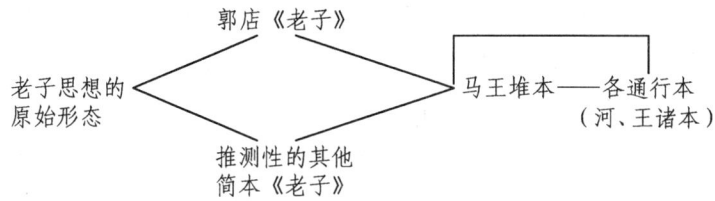

此模型可称之为"演变模型（二）"。此模型说明，就现有的三类《老子》版本而言，虽然帛书本早于通行本，但帛书本并不完全具有更接近老子思想的原始形态（或称"祖本"）的优越性；同样，虽然竹简本早于帛书本和通行本，但竹简本也不完全具有更接近老子思想的原始形态的优越性；而且，由于通行本有竹简本（以及推测性的其他简本）和帛书本两个来源，所以通行本并不一定就劣于竹简本或帛书本。这也就是说，就现有的三类《老子》版本而言，它们各有所长，我们若只根据其中的某一类来探讨老子思想的原始形态（或"祖本"），条件并不成熟。如果我们以通行本（如王弼本）为底本，参酌竹简本和帛书本，也许是探讨老子思想原始形态的一个较好的途径；而且，就老子思想对汉代以后历史的影响而言，只有通行本才发挥了这样的作用。

以上关于《老子》竹简本、帛书本和通行本三者之间关系的五种"模型"，如果完全排除某一种或最终确立某一种，都会有争议。也许，关于老子其人其书问题的最终解决，还有待于"推测性的其他简本《老子》"的出土。当然，在此之前，研究者可以各执其所信，或各依从某种"假说"。就我现在的认识而言，我认为"模型五"的

---

① 王博：《关于郭店楚墓竹简〈老子〉的结构与性质》。

可能性、合理性要更大一些。所以，这次注译就是以王弼本为底本，参校竹简本和帛书本以及传世本中的河上公本、傅奕本，等等。历来的《老子》校注，都是想确立一个最符合《老子》"祖本"的"校定本"；也正是因为此，《老子》的版本愈来愈多。本次注译只是采取了一条可能的探讨老子思想原貌的较好途径，而认为我们现在还没有条件确立一个最好的"校定本"。所以，本次注译虽然对王弼本有所校改，但并不完全依从于竹简本或帛书本，有些比较重要的不同（如反映儒道关系的部分）只是在注文中列出，以便读者参考、研究；在对王弼本作出校改时，也仍在正文中标示出王弼本的原貌，以示并非以"校定本"取代之意。

四、"道德之意"：老子的基本思想

司马迁在《老子列传》中说，"老子修道德，其学以自隐无名为务"，应关尹"强为我著书"之请，"乃著书上下篇，言道德之意五千余言而去"。《老子》一书又称《道德经》，可以说，"道德"是老子的基本思想；但"强为我著书"的"强"字，"道德之意"的"意"字，对于我们认识老子的思想也很重要。

1. "言"与"意"

《老子》一章开篇即说："道可道，非常道；名可名，非常名。"这也就是说，老子的"道"不是一般的道理、规律、原则，而是恒常之"道"，此"道"是不可"道"、不可"名"，即不可言说、不可用名词概念来表达的。这种不可言说、不可用名词概念表达的"道"，就是"道"之"意"。《易传·系辞上》说："书不尽言，言不尽意。"书并没有把要说的话完全写出来，话也不能把心里的"意"完全表达出来。可是，如果不说话、不写书，别人又怎么能了解老子的"意"呢？所以，老子本来是"以自隐无名为务"，后来因受人之请，"强"（勉强）为之著书，也就"强"把"道"之"意"

称之为"道"。

《老子》二十五章说:"吾不知其名,字之曰道,强为之名曰大。"这里的"字"是表字、别名的动词用法。"字之曰道,强为之名曰大",也就是勉强把它称之为"道",或称之为"大"。《老子》三十二章说:"道常无名";四十一章说:"道始无名"。"道"从其本始和恒常的特性来说,是"无名"的,也就是不可用名词概念来表达的。可是,既然已经把它勉强称之为"道"了,那么这个名称就不是一般的名称,而把它叫做"常名",这个"常名"是不可名的,如果"可名"就不是"常名"了。

不可名而又叫做"常名",这就是"言"与"意"之间的矛盾在语言上所表现出的"悖论"。《老子》七十八章说:"正言若反。"语言上的"悖论"就是"若反",老子认为这种"若反"的语言恰恰是"正言",因为正是这种语言才最接近于表达出本来不可言说的"意"。在《老子》书中,不仅"道"的"无名"和"常名"是如此,而且许多表示矛盾或矛盾之转化的语言都带有"正言若反"的性质。正如高廷第《老子证义》对"正言若反"的解说:"此语并发明上下篇玄言之旨。凡篇中所谓曲则全,枉则直,洼则盈,敝则新,柔弱胜坚强,不益生则久生,无为则有为,不争莫与争,知不言,言不知,损而益,益而损,言相反而理相成,皆正言若反也。"

对老子的思想有所继承和发展的庄子在讲到"言"与"意"的关系时说:

> 筌者所以在鱼,得鱼而忘筌;蹄者所以在兔,得兔而忘蹄;言者所以在意,得意而忘言。吾安得夫忘言之人而与之言哉!
> (《庄子·外物》)

"筌"、"蹄"是捕鱼、逮兔的工具,当鱼、兔已经得到,筌、蹄就被忘掉了;类似于此,语言是表达"意"的工具,当通过语言而得到了比语言更深层的意义,语言也就应该忘掉了。庄子主张"得意而忘言"。实际上，只要不拘泥、执著于语言就行了，既已"得意"，何必非要"忘言"呢？

老子和庄子有时为了强调语言的局限性，过分夸大了"言"与"意"或"言"与"知"的矛盾。《老子》五十六章说："知者不言，言者不知。"《庄子·知北游》篇也说："夫知者不言，言者不知，故圣人行不言之教……"白居易曾有《读老子》诗云："言者不知知者默，此语吾闻于老君。若道老君是知者，缘何自著五千文？"如果真的"知者不言，言者不知"，那么老子既然是知者，也就不能有"言"，可为什么又著了五千言呢？先秦时期的后期墨家也曾指出："以言为尽悖，悖。说在其言。"意思是，如果说语言与思想完全矛盾，那么这句话也是矛盾的，因为说这话的人已经有言了。

"言意之辨"一直是中国哲学史上的一个问题，魏晋时期有"言不尽意"和"言尽意"的争论，宋代的理学家程颐在为《周易》作"传"时说：

> 君子居则观其象而玩其辞……得于辞而不达其意者有矣，未有不得于辞而能通其意者也。(《程氏易传·序》)

程颐说的"象"是指《周易》的卦、爻象，"辞"是指卦、爻辞，也就是《周易》里的"言"。他说，有的人得于辞而没有达其意，但要想达其意还必须通过辞，没有不得于辞而能通其意的人。程颐的主张是"由辞以得其意"，这对于我们理解老子的思想可能有帮助。《老子》书是"辞"或"言"，我们读《老子》书不能停留在表面的语言、概念上，而要深入领会、体悟其中的"意"。

老子作为中国哲学史上第一个讲深奥（形而上）道理的哲学家，为什么一开始就讲可道与不可道、可名与不可名的问题呢？这一是因为老子要讲的"道德之意"确实是深奥的道理，我们不能仅停留在语言、概念上来理解它；另一方面也说明当时初次要表达深奥的思想，还没有现成的名词、概念可用，如果用了也容易引起别人的误解。许多老子思想的研究者都曾说《老子》书是"哲学诗"。诗是不能仅从名词、概念上去理解的，而要从中领会、体悟诗人的"意"。《老子》书是哲学书（其意义又不仅限于哲学），可又有"诗"的表达形式，我们读《老子》书要注意到这个特点。因为"诗无达诂"，所以对老子思想的理解也会有歧异，不同时代、不同处境的人也会从中不断读出新的思想。

《老子》书仅五千余言，但言简义丰。我们在此不能涉及老子思想的各个方面，而仅就"道"与"德"的基本含义以及老子的基本价值主张作一些探讨。

2."道"与"德"

《老子》二十五章云：

> 有物混成，先天地生，寂兮寥兮，独立而不改，周行而不殆，可以为天下母。

这里的"物"在竹简本中作"状"，"物"和"状"都不是说"道"是一个具体之物或"道"有具体的形状。"物"相当于我们现在所泛说的"东西"。"有物混成，先天地生"，意思是说有个混然存在的东西（即"道"），它在天地产生之先就已经有了。它无声（"寂"）且无形（"寥"），独立而永存，周行而不止，可以为天下万物之母。在中国思想史上，老子第一次提出天地并不是恒久存在的，在天地产生之先就已经有"道"存在了。"道"是天地、万物之"母"，也就是说，它是世界的总根源。

在老子思想之前，"天"是最高的存在，而且"天"就是"帝"，即中国古代最高的神。《老子》四章云：

> 道冲而用之或不盈。渊兮似万物之宗，湛兮似或存。吾不知谁之子，象帝之先。

老子认为，"道"的存在是空虚、深远、隐没无形的，而其作用永远不会穷竭，它是万物之"宗"。"宗"即宗主、根本。也就是说，

"道"不仅是天地万物的总根源,而且是天地万物的总根据。质言之,它是世界的"本原"①。用西方哲学的话语说,它既是宇宙论中的始源,又是本体论中的本体。"吾不知谁之子,象帝之先",老子用"诗"一样的语言否认了"帝"的在先性和权威地位,实际上否认了"帝"的存在;在老子哲学中,"道"和天地都是自然、无为的,所谓"域中有四大"(道、天、地、人),其中并没有"帝"或"神"的地位。可以说,老子是中国古代第一位无神论的思想家。

"道"字的本义就是道路(《说文》云:"道,所行道也。"),其引申义为道理、规律、原则等。老子的作为世界本原的"道",不是一般的道理、规律、原则。《韩非子·解老》篇云:"道者,万物之所然也,万理之所稽也。理者,成物之文也;道者,万物之所以成也。"这里所谓"理",可以说是一般的或具体的道理、规律、原则;而"道"则是"万理之所稽",它是最普遍、最根本的道理、规律、原则。万物都由其产生,都依赖于它而存在,所以它是"万物之所以成也";万物的生长、运动都遵循、依从于它,所以它是"万物之所(以)然也"。那么,"道"是否就是一种纯粹观念或"理念"的存在呢?回答应该是否定的。因为"有物混成",它是一种混然的、"惟恍惟惚"、"其中有象"、"有物"、"有精",而且"其精甚真,其中有信"(《老子》二十一章)的存在。它存在于"域"(空间)之中(《老子》二十五章:"域中有四大","道"是"四大"之一),而且"道乃久"(《老子》十六章),具有时间的恒久性。它"周行而不殆",其运动是"大曰逝,逝曰远,远曰反"(《老子》二十五章)。所以,说它是一种原始的、无形的物质的存在也是可以的。关于老子

---

① "本原"是中国哲学固有的概念,如《管子·水地》篇说:"水者何也?万物之本原也,诸生之宗室也,美恶、贤不肖、愚俊之所产也。"朱熹也说:"若论本原,即有理然后有气。"(《朱文公文集》卷五十九《答赵致道》)

哲学是唯物论还是唯心论（观念论）的争论在二十世纪五六十年代曾经很热烈，但实际上老子哲学是很难用唯物论和唯心论来作判别的。可以说，在老子哲学把"道"作为世界的本原时，"道"兼具了普遍道理和原始物质的属性，这两方面也是混然一体的。

《老子》四十章云：

> 天下万物生于有，有生于无。

这里的"无"就是无形、无名，"有"则是有形、有名。"道"并不是绝对的空无，而是潜含着无限的生机，所以它能够产生"有"；而且，"道"本身就兼具"有"、"无"的属性，《老子》一章所谓"无名"和"有名"、"常无"和"常有"都是指"道"，老子说"此两者同出而异名，同谓之玄"，因为它既"无"且"有"（所谓"无名"之"常名"，"无状之状，无物之象"），所以它是"众妙之门"。

在《老子》书中，"道"又称为"一"，如说：

> 视之不见，名曰夷；听之不闻，名曰希；搏之不得，名曰微。此三者不可致诘，故混而为一。一者，其上不皦，其下不昧，绳绳不可名，复归于无物。（《老子》十四章）

> 昔之得一者：天得一以清，地得一以宁，神得一以灵，谷得一以盈，万物得一以生，侯王得一以为天下贞。（《老子》三十九章）

显然，这里的"一"都是指"道"，此可谓"道一同"。但《老子》四十二章又有"道生一"的说法：

> 道生一，一生二，二生三，三生万物。万物负阴而抱阳，冲气以为和。

把这段话的前后文联系起来理解，这里的"一"应该是指"气"，也就是《庄子·知北游》篇所谓"通天下一气耳"的"一气"。"道生一"显然与"道一同"相矛盾，过去判别老子哲学是唯物论还是唯心论常涉及这个矛盾，纠缠不清。按照帛书本，"道生一"这段话是接着"天下万物生于有,有生于无"说的;竹简本有"天下万物生于有,有生于无",但没有"道生一……"。因此,我推测这段话是作为对"天下万物生于有,有生于无"的发挥和补充,后来加进《老子》一书的,而且它很可能受到了《易传·系辞上》"易有太极,是生两仪……"的影响。①

《老子》书中的"道一同"和"道生一"对以后的哲学思想产生了不同的影响。如《管子》书中的稷下黄老学派作品《内业》篇和《心术》上下篇即把"道"解释为"精气",而《庄子》、《淮南子》等书则持"道生气"或"无生气"的观点。除了这种不同外,由一气之阴阳分化出天地,再由天地合气而化生万物,这是中国古代哲学家普遍持有的思想,儒、道两家都概莫能外。

老子在春秋末期探讨天地之先的世界本原问题,其主要目的在于"推天道以明人事"("天"与"人"相对而言,"天"乃自然之义)。他用"道"取代了"天"或"帝"的在先性和权威地位,确立了一个新的自然、无为的"天道"。此自然之"道"不仅是世界的始源,而且是天地万物(包括人)所赖以存在的根据、本性。老子将此本性称之为"德"。"道"与"德"的关系,相当于后来儒家讲的"理"与"性"的关系,即"理"寓于人、物之中就是"性"。《老子》二十一章说:

孔德之容,惟道是从。

"孔"的意思是大,以形容"德"。"德"乃是物所得于"道"者,"道"寓于天地万物之中,其体现和作用就是"德"。《管子·心术上》云:"德者道之舍(舍寓),物得以生,生得以职道之精。故德者,得也,其谓所得以然也。以无为之谓道,舍之之谓德。"《韩非子·解老》篇云:"德者,内也","德者,道之功"。王弼《老子》

---

① 李存山:《庄子思想中的道、一、气》,《中国哲学史》2001年第4期。

三十八章注云:"德者,得也。""道"具有形而上的超越性,有形之物得到了"道",或者说,"道"内在于天地万物之中,就是"德"。"道"因"德"而体现和作用,苏辙《老子解》云:"道无形也,及其运而为德,则有容矣。""容"即德之容态、道之体现。"孔德之容,惟道是从",意谓道与德的关系是统一的。因为"德是内在的,而其与超越的道"有着统一性,所以此可谓"内在的超越"。

《老子》五十一章云:

　　道生之,德畜之,物形之,势成之。是以万物莫不尊道而贵德。道之尊,德之贵,夫莫之命而常自然。

"道"产生万物,"德"蓄养万物,从而万物莫不有其形,依各种形势而成长、发展。因此,万物都尊崇"道"而珍贵"德"。"道"与"德"虽然生养了万物,但对于万物"生而不有,为而不恃,长而不宰"(《老子》五十一章),也就是说,"道"与"德"是无为而为的。"道之尊,德之贵",就在于生养万物而又不对万物加以干涉,顺任万物之自然。因此,万物对"道"、"德"的尊贵也是自然的。

老子把"自然"、"无为"作为"道"与"德"的根本属性。"万物莫不尊道而贵德",人当然也应该如此。人对"道"、"德"的尊贵,就是要效法其"自然"、"无为"。所以,"自然"、"无为"便是老子所主张的最根本的价值观念。

3. "自然"与"无为"

《老子》二十五章云:

　　人法地,地法天,天法道,道法自然。

人生活在自然界之中,自然界之大者是天、地,而天地又来源于"道"。人、地、天、"道"递相效法,而"道"所效法的乃是"自然"。此"自然"并不是自然界之义,而是自己如此,自然而然。"道法自然",河上公注云:"'道'性自然,无所法也。"王弼注云:"法自然者,在方而法方,在圆而法圆,于自然无所违也。自然者,无称之言,穷极之辞也。""自然"有自己如此和自然而然的意思。"道法自然",一个意思是说,"道"纯任自己而然,不效法别的东西,"无所法也";另一意思是说,"道"纯任自然而然,即"道"是无意识、无为的,于万物之自然或本然"无所违也"。"人法地,地法天,天法道,道法自然",体现了老子的"天人合一"观念。在老子看来,"天"(自然)与"人"(人生、社会)之"合"就应该合在"自然"上。

老子把其理想的人格称为"圣人"。"圣人"即是得"道"者,有"上德"的人。"圣人"所能做到的即是"自然"、"无为"。《老子》六十四章云:

> 圣人欲不欲,不贵难得之货;学不学,复众人之所过。以辅万物之自然,而不敢为。

这就是说,圣人是以"不欲"为欲,不珍贵(不贪求)那些稀有的财货;圣人是以"不学"为学,以此来纠正众人所犯的过错。这样,圣人就能辅助万物的自然发展,而不敢强力去做。圣人的"辅万物之自然",就如同"道"、"德"对万物的"生而不有,为而不恃,长而不宰",他对万物虽然有所辅助,但这种辅助并不是强力去干涉、主宰万物,而是因顺万物之"自然",也就是顺应万物的自己而然,自然而然。

老子认为,人类社会的最理想的执政者便是遵循"自然"的原则,而不对人们的社会生活进行干涉、控制的人。《老子》二十三章云:"希言自然。""希言"就是少说话,对于执政者来说,就是少发号施令,这样才符合"自然"的原则。《老子》十七章云:

> 太上,下知有之;其次,亲而誉之;其次,畏之;其次,侮之。……犹兮其贵言。功成事遂,百姓皆谓"我自然"。

"太上"即最理想的执政者,人民对于这样的执政者仅仅知道"有之"而已;次一等的执政者是让人民感谢他所施予的德政、恩惠,所以人民就"亲而誉之";再次一等的执政者是对人民施以刑罚、管制,所以人民就"畏之";最次的执政者因为作恶多端,所以人民就"侮之"了。最理想的执政者很谨慎,"贵言"即"希言",少说话,少发号施令,事情成功了,百姓都说"这是我自己如此"。

老子所崇尚的"自然",十分强调了事物自身的内在的自然发展,同时也没有完全否认外力对自然发展的辅助作用,只不过这种辅助作用是因顺自然的发展,它若有若无,似无而实有。这种似无而实有的辅助作用,就是老子所讲的"无为"。"为"的意思是有所作为,一般是指人的有主观意志、欲望的作为,所以"为"通"伪",此"伪"字即人为的意思。"无为"并不是完全无所作为,而是强调因顺自然的发展,不妄为,不做违反自然之事,不以主观的意志、欲望去干涉、宰制自然的发展。《老子》三十七章云:

> 道常无为也,侯王若能守之,万物将自化。化而欲作,吾将镇之以无名之朴,夫亦将知足。知足以静,天下将自定。

"道"的"无为"也就是"道法自然",它虽然生养了万物,但没有主观的意志和欲望,对万物"生而不有,为而不恃,长而不宰"。老子希望天下的执政者能够守住这个"道",实行"无为之治"。这样,万物就将"自化",天下就将"自定"。在万物"自化"的过程中,会有人的主观意志、欲望产生。对此,老子的主张不是以礼法、名教、政令、刑罚去进行管束、压制,而是主张"镇之以无名之朴",即以"道"之原始的无知、无欲来进行治理。这样,人们也就"知足"而没有贪欲了。在老子看来,"罪莫大于多欲,祸莫大于不知足,咎莫大于欲得"(《老子》四十六章)。能够"知足",去掉贪欲,社会也就安宁、稳定了。

老子所主张的"无为",主要是强调执政者要实行"无为之治"。他认识到,"民之饥,以其上食税之多,是以饥。民之难治,以其上之有为,是以难治。民之轻死,以其上求生之厚,是以轻死"(《老子》七十五章)。因此，要想解除或缓解人民的苦难，避免社会的混乱、动荡，执政者必须从遏制自己的欲望，减少对社会的干涉，实行"无为之治"做起。老子说：

> 圣人处无为之事，行不言之教；万物作焉而不始，为而不恃，功成而弗居。夫唯弗居，是以不去。(《老子》二章)

> 不尚贤，使民不争；不贵难得之货，使民不为盗；不见可欲，使民心不乱。是以圣人之治，虚其心，实其腹；弱其志，强其骨；常使民无知无欲，使夫智者不敢为也。为无为则无不治。(《老子》三章)

> 将欲取天下而为之，吾见其不得已。天下神器也，不可为也，不可执也。为者败之，执者失之……是以圣人去甚，去奢，去泰。(《老子》二十九章)

> 故圣人云：我无为而民自化，我好静而民自正，我无事而民自富，我无欲而民自朴。(《老子》五十七章)

"处无为之事"，就是实行"无为之治"；"行不言之教"，就是少发号施令。圣人能够顺应万事万物的自然发展而不为其创始（"不为天下先"），有所作为而不自恃其力，有所成功而不居功，这正是对"道"的"生而不有，为而不恃，长而不宰"的效法。正是因为圣人不居功，所以其功绩才不会失去。老子认为，如果执政者不推崇那些有贤能的人，人民就不会去争名夺利；不珍贵那些稀有的财货，人民就不会去偷盗；不显耀那些引起欲望的东西，民心就不会被扰乱。所以，圣人的治理就是要清净人民的心思，充实人民的体腹；减弱其志向，强壮其筋骨；常使人民没有智巧、贪欲，使那些聪明的人不敢滋事妄为。这样，"为无为"就可以"无不治"。老子总结历史的经验，认识到"天下"是神圣的东西，是不可强力而为，不可主宰、把持的。那些以强力施为来治理天下的，都没有取得成功，"为者败之，执者失之"。所以，老子主张要去掉极端、奢侈和过分（与此相应，老子主张持守"三宝":"一曰慈,二曰俭,三曰不敢为天下先。"见《老子》六十七章)。如果执政者能够做到"无为"、"清静"、"无事"、"无欲",人民就可以"自化"、"自正"、"自富"、"自朴"。这里的无为、清静、无事、无欲,可以统括为"无为";而自化、自正、自富、自朴,也可以统括为"自然"。

怎么样才能达到"无为"呢?《老子》四十八章云:

> 为学日益,为道日损。损之又损,以至于无为。无为而无不为,绝学无忧。

老子把"为学"与"为道"区分开来。"为学"是日益增加知识、智巧、欲望,"为道"则是日益减损知识、智巧、欲望。能够"损之又损",以至达到"无为"的境界。"无为而无不为",因此,"绝学"可以无忧。

老子所讲的"为道",就是要去除世俗生活的杂染,使内心达到自然的"澄明"。所以,老子说:"涤除玄鉴,能无疵乎?"(《老子》十章)"玄鉴"是比喻能够体悟、观照"道"的心镜。在老子看来,对"道"的认识也就是一种心灵的修养,使心灵达到一种澄明、虚静的状态。《老子》十六章云:

> 致虚极,守静笃。万物并作,吾以观复。夫物芸芸,各复归其根。归根曰静,是谓复命。复命曰常,知常曰明。不知常,妄作,凶。

使心灵虚静到极点,坚定地守住这种虚静的状态,这样就可以直观"道"对万物的作用,虽然万物纷纭并作,但都要复归于"道"。这种复归就是宇宙的常规,能够明察此常规,也就能顺应自然的发展,实行"无为";反之,不知此常规,违反自然,轻举妄动,就会有凶灾。

4."柔弱"与"不争"

《吕氏春秋·不二》篇云"老聃贵柔",即是说老子崇尚"柔

弱"。老子之所以崇尚"柔弱",是因为他充分认识到"物极必反"的辩证规律。《老子》四十章云:

> 反者道之动,弱者道之用。

"道"的运动就是向相反的方向变化,"道"的作用就是保持"柔弱"的状态。在《老子》书中,讲了许多正反两个方面相互对待和转化的事例,如"有无相生,难易相成,长短相形,高下相倾,音声相和,前后相随"(《老子》二章),"祸兮福之所倚,福兮祸之所伏"(《老子》五十八章),等等。"柔弱"与"坚强"也是个对立面,从事物的发展来说,"物壮则老"(《老子》三十章),凡事物发展到强壮、坚强的状态,就已经老化了,而"柔弱"正是事物处在生长、发育的过程中。《老子》七十六章云:

> 人之生也柔弱,其死也坚强。草木之生也柔脆,其死也枯槁。故坚强者死之徒,柔弱者生之徒。

"坚强"属于死亡之类,"柔弱"属于生长之类。因此,"柔弱"可以战胜"坚强"。老子说:

> 天下之至柔,驰骋天下之至坚。无有入无间。吾是以知无为之有益。(《老子》四十三章)

> 天下莫柔弱于水,而攻坚强者莫之能胜,其无以易之。弱之胜强,柔之胜刚,天下莫不知,莫能行。(《老子》七十八章)

天下最柔弱的东西是水,而水可以渗透、战胜最坚强的东西。滴水可以穿石,在战争中使用水攻也是最厉害的。老子从"柔弱"的作用认识到"无为"的好处,"柔弱"是"无为"的一个重要意涵。"弱之胜强,柔之胜刚",老子将此作为一个普遍的道理,所以"贵柔";而世人虽然知此道理,但不能实行,往往逞强斗狠,最终归于失败。

"柔弱"作为一种处世之道,就是常做善事,与世"不争"。老子说:

> 上善若水。水善利万物而不争,处众人之所恶,故几于道。

居善地，心善渊，与善仁，言善信，正善治，事善能，动善时。夫唯不争，故无尤。(《老子》八章)

圣人不积，既以为人，己愈有；既以与人，己愈多。天之道，利而不害；圣人之道，为而不争。(《老子》八十一章)

"上善"之人也就是有"道"的圣人，他像水一样。水的善是使万物都得到好处而不与万物相争，处于众人所厌恶的低处，所以水近似于"道"。圣人有种种善行，正是因为他与世"不争"，所以他没有过失。圣人不积蓄自己的私财，他尽量帮助别人，而自己愈富有；尽量给予别人，而自己愈增多。自然之道是利物而不害物，圣人之道是帮助人而不与人相争。

"无为"的好处是能够"无不为"，"柔弱"的好处是能够"胜刚强"；同样，"不争"的好处是"天下莫能与之争"。《老子》二十二章云：

不自见，故明；不自是，故彰；不自伐，故有功；不自矜，故长。夫唯不争，故天下莫能与之争。古之所谓"曲则全"者，岂虚言哉？诚全而归之。

因为不自己炫耀，不自以为是，不自夸，不自傲，所以能够显著、彰明、有功、有长进。正是因为"不争"，所以天下人没有能和他相争的。古人所说的"委曲方可保全"，难道是空话吗？诚然，委曲的人的确得到了保全。在老子看来，"不争"不仅是利人，而且能利己。所以，"圣人后其身而身先，外其身而身存。非以其无私邪？故能成其私"(《老子》七章)。这里的"无私"是从主观方面讲，而"能成其私"则是从客观方面讲。

《老子》三十六章云：

将欲歙之，必固张之；将欲弱之，必固强之；将欲废之，必固兴之；将欲夺之，必固予之。是谓微明。柔弱胜刚强。

想要收缩它，必先扩张它；想要削弱它，必先加强它；想要废止它，必先兴起它；想要夺取它，必先给予它。这就是所谓"幽微之明"。由此也可见"柔弱胜刚强"。对此"幽微之明"，有两种不同的理解，一种认为这是在讲权谋、权诈，另一种认为这是在讲"天道之常"、"自然之理"。前一种理解虽然是对老子思想的误解，但也确实有人把老子的思想用于搞权谋、权诈。《老子》书中也讲到"以奇用兵"（《老子》五十七章），因此有人把《老子》当做一部兵书。但《老子》书中反对战争的思想是很鲜明的："夫兵者，不祥之器，物或恶之，故有道者不处。……兵者不祥之器，非君子之器。不得已而用之，恬淡为上，胜而不美。"（《老子》三十一章）反对战争是老子"不争"思想的一个体现，如果"天下无道"，战争不可避免，"有道者"对于兵器也可以"不得已而用之"，只不过这种用兵是"恬淡为上"，战胜了也不把它当做好事来赞美它。老子又说："夫慈，以战则胜，以守则固。"（《老子》六十七章）"抗兵相若，哀者胜矣。"（《老子》六十九章）"慈"、"哀"也是老子"柔弱"、"不争"思想的体现，"慈"、"哀"可以在战争中取胜，这也正是"柔弱胜刚强"。

战国末期的荀子曾经批评"老子有见于诎（屈），无见于信（伸）"（《荀子·天论》）。确实，老子十分强调了反面的"屈"的作用，而忽视了正面的"伸"的作用。但也正是因此，道家思想与儒家思想在中国古代形成了"一阴一阳"、"刚柔相济"的互补结构。老子哲学确立了"自然之天"的思想，这种思想与儒家的重视现世道德的思想相结合，使中国文化避免了像西方的中世纪那样走入宗教之一途；道家的"自然"观念对于儒家的"泛道德论"思想倾向，以及世俗生活中道德的异化、虚伪，具有一定程度的限制、消解作用；道家所提倡的"清静"、"无为"，曾经被一些统治者用于采取"与民休息"的政策，从而缓解了社会的矛盾，促进了经济的恢复和发展；儒家更重视群体的伦理，道家更重视个体的"自然"，这也使得一部分士人在"庙堂"之外、"山林"之中得到了退隐生活的精神慰藉;而从道家发展出的道教,则以"养生"、"成仙"与儒家的"治国"、"成圣"以及佛教的"明死"、"涅槃"形成了"三教"的互补;道家崇尚"自然"、"无为"、"柔弱"、"不争",这些价值观念与儒家的崇尚道德伦理相结合,使中华民族形成了重视自然与社会的和谐、个体与群体的和谐、物质生活与精神生活的和谐,以及崇尚和平、柔韧持久、自强不息的民族性格。

在人类进入现代社会乃至后现代社会时,道家思想对于"现代化"过程中出现的一些负面后果,如生态危机、能源危机、泛科技主义、贫富悬殊、利欲至上、霸权主义、民族矛盾加剧,等等,也具有深刻的批判作用。经过现代的诠释,包括道家思想在内的中国传统文化中的合理价值观念,将为中华民族和全人类的社会生活、可持续发展提供新的智慧,做出新的贡献。

凡 例

一、《老子》正文以王弼本为底本,参校马王堆帛书本和郭店竹简本以及传世本中的河上公本、傅奕本、景龙碑本,等等。

二、对王弼本的校改,将改订的文字写在方括弧〔 〕内,王本原有的文字保留在圆括弧( )内。凡校改都在注释中说明。

三、有些版本上的不同,只在注释中说明,而不对王弼本作校改。

四、注释力求准确、简明。凡注引的文字旨在说明注文的根据,并有益于对正文的理解。

五、有些断句、理解上的不同,在注释中略作说明。

六、译文按改订的文字译出。

上 篇

一 章

道可道，非常道①；名可名，非常名②。

无名，（天地）[万物]之始③；有名，万物之母④。

故常无，欲以观其妙；常有，欲以观其徼⑤。

此两者同出而异名⑥，同谓之玄⑦。玄之又玄，众妙之门⑧。

[注释]

① "道"，《说文》云："道，所行道也。""道"字的本义是道路，其引申义是道理、规律、原则。"道可道"的第一个"道"字，即是指人们一般所说的道理、规律、原则。第二个"道"字的意思是言说，如《论语·宪问》中"夫子自道也"的"道"。作为老子哲学的最高范畴的"道"，不是人们一般所说的道理、规律、原则，而是"常道"，即恒常之"道"。《韩非子·解老》篇云："道者，万物之所然也，万理之所稽也……道者，万物之所以成也。""夫物之一存一亡，乍死乍生，初盛而后衰者，不可谓常；唯夫与天地之剖判也俱生，至天地之消散也不死不衰者谓常。"老子的恒常之"道"，不

仅"与天地之剖判也俱生",而且如《老子》二十五章所云"有物混成,先天地生",它在天地产生之前就已混然存在了。恒常之"道"是天地万物的总根源和总根据,即世界的本原。老子认为,恒常之"道"是不可"道",即不可言说的。

"常道"之"常",以及后面的"常名"、"常无"、"常有"等"常"字,马王堆帛书本写为"恒",注家认为"常"是为避汉孝文帝刘恒讳而改。《庄子·天下》篇述老子之学为"建之以常无有",《韩非子·解老》篇引《老子》曰"道之可道,非常道也",且对"常"多有解释和发挥。《说文》云:"恒,常也。""恒"与"常"义同而通用,今保留诸传本"常"字之旧,以下"恒"、"常"的异文不另加注。

② "名可名",第一个"名"是指名词概念;第二个"名"是名的动词用法,即用名词概念来称谓、表达。"常名"是用来指称"常道"的。老子认为,"常名"不可用名词概念来表达。《老子》二十五章云:"吾不知其名,字之曰道,强为之名曰大。"恒常之"道"在老子的思想中本是一种不可言说、不可用名词概念来表达的"意"(意思或思想),但这种"意"只有见诸文字才能成为后人可读的《老子》书,所以只好"字之曰道,强为之名曰大","言道德之意"而"强"为之"著书"(《史记·老子列传》)。《老子》书的文字是"言",老子想要表达的思想是"意"。《易传·系辞上》云:"书不尽言,言不尽意。"读《老子》书,不能把其中的"言"读死,而要读活,体会其"言"外之"意"。

③ "万物之始",据马王堆帛书本改。王弼本作"天地之始",但王弼注云:"凡有皆始于无,故未形无名之时,则为万物之始。"可见王弼本原亦作"万物之始"。

④ "无名"和"有名"都是指"道",也就是说,"道"是无名和有名的统一。《说文》云:"始,女之初也。""母,牧也。从女,象怀子形,一曰象乳子也。""万物之始"是指万物产生之前"道"的浑沌状态,此为"无名";"万物之母"则是"道"孕育、产生、养育万物,此为"有名"。《老子》三十二章:"道常无名";四十一章:"道始无名";四十章:"天下万物生于有,有生于无"。"无"比"有"更根本,但"无"并非绝对的空无,而是还有"有"

的属性，"道"是"无"和"有"的统一，所以能孕育、产生、养育万物。

"无名，万物之始；有名，万物之母"，或可断句为"无，名万物之始；有，名万物之母"。

⑤"常无"和"常有"都是指"道"。高亨《老子正诂》云："常无欲以观其妙，犹云欲以'常无'观其妙也。常有欲以观其徼，犹云欲以'常有'观其徼也。因特重'常无'与'常有'，故提在句首。"《庄子·天下》篇述老子之学"建之以常无有"，"常无有"即"常无"与"常有"的省文。

"观"，一种直觉的认识，即观照、体认。"妙"，奥妙。"徼"（jiào），循行，边际。《说文》："徼，循也"，"循，行也"。吴澄《道德真经注》："徼者，犹言边际之处，孟子所谓端是也。""道"之奥妙本是无形无际的，但其运行也有微渺的边际、理路，此为万物由以产生的端倪，这要从"道"的"常无"与"常有"中去体认。

马王堆帛书本"常无"与"常有"句，"欲"字属上读，作："故恒无欲也，以观其妙；恒有欲也，以观其所徼。"

⑥"此两者"，指"常无"与"常有"。"同出而异名"，同出于"道"而名称不同。

⑦"玄"，玄妙，幽深不可测。"此两者同出而异名，同谓之玄"，马王堆帛书本作"此两者同出，异名同谓"。

⑧"众妙之门"，一切玄妙变化的总门、总根源。《老子》六章："谷神不死，是谓玄牝；玄牝之门，是谓天地根。""玄牝"是指天地万物之母，"玄牝之门"也就是"众妙之门"，意谓"道"是天地万物的总根源。

[译文]

道，如果可以言说，那它就不是恒常之"道"；名，如果可以用名词概念来表达，那它就不是恒常之"名"。

无名，乃是万物未生之时的原始；有名，则是生养万物的母亲。

所以，要从常无中去体认"道"的奥妙，也要从常有中去体认"道"生养万物的端倪。

常无与常有，二者同出于"道"而名称相异，同可以说是"玄"。"道"是玄而又玄的，它是一切玄妙变化的总门。

二 章

天下皆知美之为美，斯恶已①；皆知善之为善，斯不善已②。

故有无相生③，难易相成，长短相（较）［形］④，高下相倾⑤，音声相和⑥，前后相随⑦。

是以圣人⑧处无为之事⑨，行不言之教⑩；万物作焉而不（辞）［始］⑪，（生而不有，）⑫为而不恃⑬，功成而弗居。夫唯弗居，是以不去⑭。

[注释]

①"恶"，与美对言，即丑。"已"，通"矣"。马王堆帛书本和郭店竹简本"恶"前无"斯"字。

②"不善"，与善对言，即恶。马王堆帛书本此两句作"皆知善，斯不善矣"，郭店竹简本作"皆知善，此其不善已"。

③"有无相生"，此与《老子》四十章"天下万物生于有，有生于无"不同，"有生于无"是从宇宙的最根本处说，"有无相生"以及后面的"难易相成"等是从万物产生后各种对立面的相互对待和转化而言。此章对美丑、善恶、有无、难易等的论述，表达了对立统一、矛盾普遍性的辩证法思想。马王堆帛书本和郭店竹简本"有无相生"作"有无之相生也"，后面的"难易相成……音声相和"亦同此句式，有"之"字、"也"字。

④"形"，据河上公本、傅奕本改。马王堆帛书本此字写为"刑"，郭店竹简本写为"型"。"刑"、"型"均通"形"。此处"形"谓长短相比较而显其形的长短。

⑤"高下相倾"，谓高下相比较而成其高下。"倾"是高下之间的倾斜。马王堆帛书本和郭店竹简本"倾"作"盈"，意为充盈、包容。

⑥"音"与"声"，古人用时有区别。《礼记·乐记》："声相应，故生

变；变成方，谓之音。"任继愈《老子新译》："简单的发音叫做'声'。声的组合，成为音乐节奏的，叫做'音'。""音声相和"，谓不同的声音相附和。

⑦"前后相随"，马王堆帛书本和郭店竹简本"前"作"先"，帛书本在"先后之相随"后有"恒也"。

⑧"圣人"，理想人物，先秦各家都把理想人物称为"圣人"，但各家的理想有所不同，此处是指道家所理想的人物，即得"道"者，有"上德"的人。

⑨"无为"，因顺自然，不妄为，不做违反自然之事。"无为"是老子哲学的重要范畴和根本价值主张。《老子》三十七章："道常无为也，侯王若能守之，万物将自化。"三章："为无为则无不治。"四十八章："无为而无不为。"五十七章："我无为而民自化，我好静而民自正，我无事而民自富，我无欲而民自朴。"

⑩"不言之教"，不用言辞的教化，即不发号施令，不以名教、法令治国。此与儒家的以名教治国和法家的以法令治国相反。

⑪"不始"，王弼本作"不辞"，傅奕本、敦煌本作"不为始"，马王堆帛书本和郭店竹简本作"弗始"，"弗"与"不"通。郭沂《郭店竹简与先秦学术思想》说："在郭店简中，'始'和'辞'皆写为'台'。此'台'到底读为'始'，还是'辞'，抑或其他字，主要依文义而定……在此处，本应读为'始'，而王本却误读为'辞'。""万物作焉而不始"，谓圣人顺应万事万物的自然生长，不在自然之先而为其创始。《老子》六十七章云："我有三宝，持而保之。一曰慈，二曰俭，三曰不敢为天下先。""不始"即不为天下先。

⑫"生而不有"，此四字涉《老子》五十一章文字而衍。"生"谓产生万物，圣人并无产生万物的功能。敦煌本、遂州碑本无此四字，帛书本和竹简本亦无，今据删。

⑬"为而不恃"，有所作为而不自恃其力。

⑭"不去"，谓其功绩不会失去。

[译文]

如果天下人都知道什么东西是美，那就是已经有丑了；都知道什么事是善，那就是已经有恶了。

所以，有和无相互产生，难和易相互形成，长和短相比较而显其长短，高和下相比较而成其高下，音和声相附和，前和后相跟随。

因此，圣人以无为来处事，以不言来行教；顺应万事万物的自然生长而不为创始，有所作为而不自恃其力，有所成功而不居功。正是因为不居功，所以他的功绩不会失去。

三　章

不尚贤，使民不争①；不贵难得之货②，使民不为盗；不见可欲③，使民心不乱。

是以圣人之治，虚其心④，实其腹；弱其志⑤，强其骨；常使民无知⑥无欲，使夫智者不敢为也。为无为⑦则无不治。

[注释]

① "尚"，崇尚，推崇。"尚贤"即推崇贤能之人，给他们以功名利禄。"不尚贤"则人民就不会去争名夺利。先秦时期儒家和墨家都主张"尚贤"。

② "贵"，珍贵，重视。"难得之货"，稀有的财货。

③ "可欲"，引起欲望的东西。

④ "虚"，清虚，淡泊。"虚其心"谓保持心的清虚、无欲状态。

⑤ "弱"，消弱，减损。"志"，心之所向往，即意志、志向。

⑥ "知"通"智"，谓知识、聪明、智巧。帛书本此字和后面的"智者"之"智"都写为"知"。

⑦ "为无为"，做无为之事。

[译文]

不推崇那些有贤能的人，就可以使人民不去争名夺利；不珍贵那些稀有的财货，就可以使人民不做盗贼；不显耀那些引起欲望的东西，就可以使民心不被扰乱。

所以，圣人的治理，就是要清净人民的心思，充实人民的体腹；减弱其志向，强壮其筋骨；常使人民没有智巧，没有欲望，使那些聪明的人不敢滋事妄为。圣人依照无为的原则做事，天下就太平了。

四　章

道冲①而用之或不盈②。渊兮似万物之宗③，（挫其锐，解其纷，和其光，同其尘，）④湛兮似或存⑤。吾不知谁之子，象帝之先⑥。

[注释]

①"冲"，空虚，古本作"盅"，《说文》："盅，器虚也。从皿中声。老子曰：'道盅而用之'。"

②"或"，通"有"、"又"。"盈"，充满。"用之或不盈"，谓用之不能将其穷尽。

③"渊"，深远。"似"，此章是对"道"的形容，而"道"本不可言说，故用"似"。"宗"，宗主，根本。

④"挫其锐，解其纷，和其光，同其尘"，诸传本与帛书本均有此四句，但其与前后文义实不相属，当是错简衍文。高亨《老子正诂》："此四句重见五十六章，谭献、马叙伦并谓此处衍文。"陈鼓应《老子注译及评介》："这四句疑是五十六章错简重出，因上句'渊兮似万物之宗'与下句'湛兮似或存'正相对文。"

⑤"湛"，《说文》："湛，没也。"《小尔雅·广诂》："没，无也。"在此形容"道"的隐而无形。"似或存"，像是没有可又实际存在。

⑥"象"，似。"帝"，天帝，中国古代最高神。"象帝之先"是以自然之"道"为宇宙的根本，取代了"帝"的权威，实际上否认了神的存在。

[译文]

"道"是空虚的，然而用它却不能将其穷尽。深远啊，它好像是万物的宗主；隐约啊，它似无而又实存。我不知它是谁之子，似乎在天帝之先它就已经存在了。

五　章

天地不仁①，以万物为刍狗②；圣人不仁③，以百姓为刍狗。天地之间，其犹橐籥④乎？虚而不屈⑤，动而愈出⑥。多言数穷⑦，不如守中⑧。

[注释]

①"天地不仁"，谓天地是自然的、无意识的，没有仁爱之心。中国古代所谓"天"，主要有三义：一为"意志之天"，即有意识、主宰世界的最高神；二为"义理之天"，即道德的义理、原则；三为"自然之天"，即以天为自然的存在。老子的"天地不仁"说，明确地表达了"自然之天"的思想。

郭店竹简本有相当于此章中段的文字："天地之间，其犹橐籥欤？虚而不屈，动而愈出"，而没有此章的前、后两段文字。此章的前、中、后三段义不相属，当是分章之误。而且，《老子》书中有无"天地不仁……以百姓为刍狗"，关涉儒道关系问题。

②"刍狗"，用草扎成的狗，用于祭祀，用后便弃之。"以万物为刍狗"，即万物的生成死灭是一个自然的过程。

③"圣人不仁"，谓圣人效法天地之自然，实行无为之治。儒家主张以仁德治国，道家则强调无为之治。

④"橐籥"（tuó yuè），古时用于冶铸的鼓风器具，类似于风箱。

⑤"屈"，穷竭。

⑥"动而愈出"，谓风箱愈鼓动就愈生出风。

⑦ "数",借为"速"。"数穷",加速败亡。高亨《老子正诂》:"多言数穷,故行不言之教。" ⑧ "守中",读为"守冲",即保持虚静、无为的状态。

[译文]

天地没有仁爱之心,把万物当做刍狗;圣人不以仁爱治国,把百姓当做刍狗。

天地之间,不是像个风箱吗?空虚而不会穷竭,愈鼓动就愈生出风。

政令繁苛,就会加速败亡,不如保持虚静。

六 章

谷神①不死,是谓玄牝②。玄牝之门,是谓天地根③。绵绵若存④,用之不勤⑤。

[注释]

① "谷",山谷,喻意为空虚。"谷神",喻指"道"。

② "牝",母性生殖器官。"玄牝",喻指"道"的幽深不可测,为产生天地万物的总根源。

③ "根",本根,即本原。《庄子·知北游》:"惛然若亡而存,油然不形而神,万物畜而不知,此之谓本根。"《管子·水地》:"水者何也?万物之本原也,诸生之宗宝也,美恶、贤不肖、愚俊之所产也。""根"或"本根",与"本原"意同。

④ "绵绵",绵延,连续;帛书本作"绵绵"。"若存",存在而不可见。

⑤ "勤",劳倦,穷竭。

[译文]

空虚之"神"是不会死的,它就是玄妙的生殖万物之处。玄妙的生殖之门，就是天地的本根。它连续不断，存在而不可见，用之而不会穷尽。

七　章

天长地久。天地所以能长且久者，以其不自生①，故能长生。

是以圣人后其身而身先②，外其身③而身存。非以其无私邪？故能成其私。

[注释]

①"自生"，自私其生，即为了自己而生存。《老子》七十五章："夫唯无以生为者，是贤于贵生。""贵生"即看重自己的生命，自私其生。"无以生为"即不以存活自己的生命为务，也就是本章所言"不自生"。

②"后其身"，退让，居后。帛书本"后"作"退"。"身先"，得众人之拥戴而占先。

③"外其身"，把自己的身体、生命置之度外。《老子》十三章："吾所以有大患者，为吾有身，及吾无身，吾有何患？""无身"即是"外其身"，置自身于度外。

[译文]

天长地久。天地之所以能够长久存在，是因为它们不自私其生，所以能够长生。

因此，圣人谦退居后，反而却能占先；置自身于度外，反而却能保存自身。这不是由于他无私吗？无私故能成全他自己。

八　章

上善①若水。水善利万物而不争②，处众人之所恶③，故几于道④。

居善地⑤，心善渊⑥，与善仁⑦，言善信，正⑧善治，事善能，动善时。

夫唯不争，故无尤⑨。

[注释]

① "上善"，最高的善，此指有"道"的圣人。

② "不争"，帛书本误作"有争"。

③ "恶"，厌恶。"处众人之所恶"，谓与众人总想居于别人之上相反，水总往低处流，居于低处。

④ "几"，接近，差不多。《老子》二十二章："夫唯不争，故天下莫能与之争。"七十八章："天下莫柔弱于水，而攻坚强者莫之能胜，其无以易之。"此章说水的不争、居于低处，亦是说水的柔弱，不可战胜。《吕氏春秋·不二》篇云："老聃贵柔。"即是说老子以柔弱、柔顺为最有价值。

⑤ "居善地"，谓上善之人居处善于选择地方。

⑥ "渊"，深沉，沉静。

⑦ "与"，交往。"仁"，或读为"人"（景龙碑本作"人"）。"与善仁"即善于和他人友好相处，采取与人为善的态度。帛书乙本作"予善天"，甲本将此句与下句合为"予善信"。⑧ "正"，通"政"。

⑨ "尤"，过失。

[译文]

上善之人像水那样。水的善是使万物都得到好处而不与万物相争，处于众人所厌恶的低处，所以水近似于"道"。

上善之人居处善于选择地方，心胸善于保持沉静，交往善于友好待人，说话善于恪守信用，为政善于治理，做事善于发挥能力，行动善于随顺时机。

正是因为不争，所以才没有过失。

九 章

持而盈之①，不如其已②；揣而（梲）［锐］之③，不可长保。

金玉满堂④，莫之能守；富贵而骄，自遗其咎⑤。

功遂身退，天之道［也］⑥。

[注释]

①"持而盈之"，执求盈满，意谓追求下文所谓"金玉满堂"，等等。

②"已"，止。

③"揣"，捶，锻击。"锐"，王弼本作"梲"，河上公本和其他古本作"锐"，王弼注云："既揣末令尖，又锐之令利"，则王弼本原亦作"锐"。竹简本此句作"揣而群之"，可解为藏而聚之。

④"满堂"，帛书本和竹简本作"盈室"。

⑤"咎"，灾祸。

⑥"天之道"，自然的规律。"也"字据帛书本和竹简本补。

[译文]

执求盈满，不如趁早停止；锋芒锐利，不可保持长久。

金玉满堂，没人能够守住；富贵而骄，自己招致灾祸。

功成而身退，乃符合天之道。

十 章

载营魄抱一①，能无离乎？

专气②致柔，能婴儿乎？

涤除玄（览）[鉴]③，能无疵乎？

爱民治国，能无[以]知乎④？

天门开阖⑤，能（无）[为]雌乎⑥？

明白四达，能无[以]为乎⑦？

（生之畜之，生而不有，为而不恃，长而不宰，是谓玄德。）⑧

[注释]

①"载"，承载，在此犹如"抱"，《楚辞·远游》："载营魄而登霞兮。"王逸注："抱我灵魂而上升也。""灵"指魄，《大戴礼记·曾子天圆》："阳之精气曰神，阴之精气曰灵。""营魄"即魂魄。《左传·昭公七年》："人生始化曰魄，既生魄，阳曰魂。"《楚辞·大招》王逸注："魂者阳之精也，魄者，阴之形也。"人的生命是由阳之神与阴之形和合而成，"抱一"即是使人的精神与形体保持合一的状态。

②"专"，读为"抟"（tuán），结聚。"气"，人的生命以至万物都是由阴阳之气和合而成，《老子》四十二章："万物负阴而抱阳，冲气以为和。"

③"鉴"，王弼本作"览"，帛书乙本写为"监"，即"鑑"字，《说文》："鑑，镜也。""玄鉴"指玄妙的心镜。高亨《老子正诂》："玄者形而上也，鉴者镜也。玄鉴者，内心之光明，为形而上之镜，能照察事物，故谓之玄鉴。"

④"无以知"，"以"字据傅奕本、范应元本补，帛书甲本损掩，乙本作"毋以知"。"知"，读为"智"，即智巧。王弼注："治国无以智，犹弃智也。能无以智乎？则民不辟而国治之也。"可见王弼本原亦作"无以知（智）"。《老子》六十五章："以智治国，国之贼；不以智治国，国之福。"

⑤"天门"，指耳目口鼻等感官，高亨《老子正诂》："盖耳为声之门，目为色之门，口为饮食言语之门，鼻为臭之门，而皆天所赋予，故谓之天门也。""开阖"，指感官的开启与闭合。

⑥"为雌"，王弼本作"无雌"，景龙碑本、傅奕本等作"为雌"，帛书

甲本缺文，乙本作"为雌"。王弼注："言天门开阖能为雌乎？则物自宾而处自安矣。"可见王弼本原亦作"为雌"。"为雌"即柔顺、守静。《老子》二十八章："知其雄，守其雌，为天下谿。"正是"为雌"之义。

⑦"无以为"，"以"字据傅奕本、范应元本补。王弼注："言至明四达，无迷无惑，能无以为乎？则物化矣。"可见王弼本原亦作"无以为"。《老子》三十八章："上德无为而无以为。""无以为"是不有意作为，即不以主观欲望和目的去作为。帛书甲本此句损掩，乙本作"毋以知"，与上文重复。

⑧"生之畜之，生而不有，为而不恃，长而不宰，是谓玄德"，此五句为衍文。马叙伦《老子校诂》："自'生之畜之'以下，与上文义不相应……皆五十一章之文。"陈鼓应《老子注译及评介》：这五句"为五十一章错简重出，可删去"。古棣、周英《老子通》："此五句显然与上文不相属，且到'能无为乎'意义已完，无须蛇足。帛书亦有此五句，错简当在先秦或秦汉之际……"

[译文]

承载魂魄而神形合一，能不相离吗？

结聚精气以致柔顺，能像婴儿那样吗？

清洗玄妙的心镜，能没有瑕疵吗？

爱民治国，能不用智巧吗？

耳目开合，能守静不乱吗？

通达世理，能不有意作为吗？

十一章

三十辐共一毂①，当其无②，有车之用。

埏埴以为器③，当其无，有器之用。

凿户牖以为室④，当其无，有室之用。

故有之以为利，无之以为用⑤。

[注释]

① "辐",木车轮子上的辐条。"毂"(gǔ),车轮中心的圆孔,即插轴的地方。古时车轮中用三十根辐条,以合每月的三十日。

② "无",指车轮的空处。

③ "埏"(shān),和(huó)。"埴"(zhí),土。"埏埴以为器",即和土成泥以制成陶器。

④ "户牖",门窗。帛书本无"以为室"三字。

⑤ "有之以为利,无之以为用",有和无结合起来才能有利、有用。

[译文]

三十根辐条集中到一个毂,有了车轮的空无之处,才有车的作用。

和土成泥以制成陶器,有了器皿的空无之处,才有器皿的作用。

开凿门窗以成为屋室,有了门窗的空无之处,才有屋室的作用。

所以,"有"给人以便利,有和无配合起来才能起作用。

十二章

五色令人目盲①,五音令人耳聋②,五味令人口爽③,驰骋畋猎令人心发狂④,难得之货令人行妨⑤。

是以圣人[之治也]⑥,为腹不为目⑦,故去彼取此⑧。

[注释]

① "五色",青、赤、黄、白、黑,此指色彩缤纷。"目盲",谓眼花缭乱。

② "五音",宫、商、角、徵、羽,此指音乐动听。"耳聋",谓听觉迟钝。

③"五味"，酸、苦、甘、辛、咸，此指饮食丰美。"爽"，伤。"口爽"即口病，食不知味。

④"畋"（tián），打猎。"心发狂"，心思错乱，疯病。

⑤"妨"，损害。"行妨"，损害操行。

⑥"之治也"，据帛书本补。

⑦"为腹"，充实体腹。"为目"，满足耳目之欲。"为腹不为目"意近同于《老子》三章所说"圣人之治，虚其心，实其腹；弱其志，强其骨"。

⑧"彼"，指"为目"。"此"，指"为腹"。

[译文]

缤纷的色彩使人眼花缭乱，动听的音乐使人听觉不敏，丰美的饮食使人味觉失灵，骑马打猎使人心思错乱，稀有的财货使人行为不轨。

因此，圣人的治理，是充实人的体腹而不眩惑人的耳目，所以要摒弃后者而采取前者。

十三章

宠辱若惊①，贵②大患若身。

何谓宠辱（若惊）③？宠为下[也]④。得之若惊，失之⑤若惊，是谓宠辱若惊。

何谓贵大患若身？吾所以有大患者，为吾有身，及吾无身⑥，吾有何患？

故贵以身为天下⑦，若可寄天下⑧；爱以身为天下，若可托天下。

[注释]

①"宠辱若惊"，受宠则感到惊喜，受辱则感到惊恐。竹简本"宠辱"

前有"人"字,参二十章注④。

②"贵",看重,重视。

③"若惊",据河上公本、竹简本删。

④"也",据竹简本补。"宠为下也",谓受到宠爱的人是卑下的。此句河上公本作"辱为下",景龙碑本、陈景元本、李道纯本作"宠为上,辱为下"。

⑤"失之",失宠,失宠即辱。

⑥"及",犹"若"。"无身",将自身置之度外,即《老子》七章"外其身而身存"之义。

⑦"贵",崇尚。"以身为天下",谓把自身用于为天下人。

⑧"若",犹"乃"。高亨《老子正诂》:"视其身如天下人,是无身矣,是无我矣,是无私矣;如此者,方可以天下寄托之。"

[译文]

受宠若惊,受辱也若惊,看重祸患就像看重自己的身体。

什么叫"宠辱"?受宠意味着地位卑下。得宠若惊,失宠也若惊,这就叫"宠辱若惊"。

什么叫看重祸患就像看重自身?我之所以有祸患,是因为我有自身,若我把自身置之度外,已经"无身",我还会有什么祸患?

所以,崇尚以自身为天下人的,就可以把天下寄托给他;喜爱以自身为天下人的,就可以把天下托付给他。

十四章

视之不见,名曰夷①;听之不闻,名曰希②;搏之不得,名曰微③。此三者不可致诘④,故混而为一。[一者,]⑤其上不皦,其下不昧⑥,绳绳⑦不可名,复归于无物⑧。是谓无状之状,无物之象,是谓惚恍⑨。迎之不见其首,随之不见其后。

执古之道,以御今之有⑩。能知古始⑪,是谓道纪⑫。

[注释]
① "夷",泯灭无迹,在此谓无色。
② "希",无声。
③ "搏",索持,触摸。"微",无形。
④ "致诘",诘问,追究。
⑤ "一者",据傅奕本、帛书本补。此"一者"指"道"。
⑥ "皦"(jiǎo),通"皎",白亮,光明。《说文》:"皦,玉石之白也";"皎,月之白也"。"昧",与"皦"对文,昏暗。
⑦ "绳绳",如《老子》六章所说的"緜緜",形容连续性的存在。
⑧ "物"指有形之物。"无物"指"道"的无形。
⑨ "惚恍",闪烁不定,似有若无。
⑩ "御",驾驭,统率。"有"指具体的事物。"执古之道",帛书本作"执今之道"。
⑪ "古始",宇宙的原始。
⑫ "道纪","道"的纲纪,即"道"的根本原则。

[译文]
视之而不见,叫做"夷";听之而不闻,叫做"希";触之而不得,叫做"微"。这三者无法再追究察问,它们原本就是浑然而为一。这个"一",它的上面不亮,下面不暗,绵延不绝,不可称名,复归于空无一物。这就是没有形状的形状,没有物体的形象,这就是恍惚。要想在前面迎它,可看不见它的头;要想在后面跟它,可看不见它的后。

把握亘古即存的"道",来驾驭现在的事物。能知道宇宙的原始,这就是"道"的根本原则。

十五章

古之善为士者①,微妙玄通②,深不可识。夫唯不可识,故强为之容③:豫(焉)[兮]④若冬涉川,犹⑤兮若畏四邻,俨兮其若(容)[客]⑥,涣兮[其]若(冰之将)释⑦,敦兮其若朴⑧,旷兮其若谷⑨,混兮其若浊⑩。

孰能浊以静之徐清⑪?孰能安以(久)动之徐生⑫?

保此道者不欲盈⑬,夫唯不盈,故能蔽(不)[而]新成⑭。

[注释]

①"古之善为士者",傅奕本、帛书本作"古之善为道者",竹简本作"长古之善为士者"。

②"微妙玄通",帛书本和竹简本"通"作"达",竹简本"微"前有"必"字。

③"强为之容",勉强为之形容。竹简本无"夫唯不可识","故"作"是以"。

④"豫",迟疑,谨慎。"兮",王弼本原作"焉",据后面的六句都用"兮"字而改。

⑤"犹",犹豫,谨慎,警觉。

⑥"俨",庄重,恭敬。"客",王弼本作"容",与"客"形近而误,河上公本、傅奕本等以及帛书本和竹简本皆作"客"。"若客",像做宾客。

⑦"涣",流散,散淡。"其若释",王弼本作"若冰之将释",傅奕本作"若冰将释",帛书本作"其若凌释",竹简本作"其如释"。高亨《老子正诂》谓王弼本"将"字衍文:"冰释而后涣然流散,若冰将释,仍在凝结,安能云涣哉!故有'将'字其文为不通矣。"今据竹简本改为"其若释"。"释"即冰释或凌释,盖后人注解"释"字,有"冰之将释",后混入正文。"俨兮

其若客，涣兮其若释……混兮其若浊"，这几句整齐排列，都是五字句式。

⑧"敦"，敦厚。"朴"，《说文》："木素也。"指未加工的木料。

⑨"旷"，旷达。"谷"，山谷，喻空虚。

⑩"混"，浑厚。"浊"，浑浊的流水，喻大智若愚。

⑪"浊"，水动而浊。"徐清"，渐渐澄清。帛书本无"孰能"，"以"作"而"。

⑫"久"字衍文。景龙碑本、永乐大典本等无"久"字。此句帛书本作"安以动之徐生"，竹简本作"孰能安以动者将徐生"。

⑬"不欲盈"，不求盈满。

⑭"蔽而新成"，王弼本作"蔽不新成"。易顺鼎《读老子札记》："'蔽'者'敝'之借字，'不'者'而'之误字也。敝与新对，能敝而新成者，即二十二章所云'敝则新'。"高亨、陈鼓应从易顺鼎说，谓"而"、"不"篆文形近故误。此句帛书本作"是以能敝而不成"。

竹简本此章以"保此道者不欲尚盈"结束，没有后面的"夫唯不盈……"

[译文]

古时候那些善于做"士"的，微妙通达，高深而不可测。正因为不可测，所以对他们只能勉强地形容：谨慎啊，就像冬天涉足大河；警觉啊，就像害怕有四邻来攻；庄重啊，就像是做宾客；散淡啊，就像是冰消融；敦厚啊，就像未经雕琢的朴木；旷达啊，就像空阔的山谷；浑厚啊，就像浑浊的流水。

谁能够在浊流中让它静下来，渐渐澄清？谁能够在安稳中让它动起来，渐渐茁生？

保持这个"道"的人不求盈满，正是因为不盈满，所以能够陈旧了再更新。

十六章

致虚极①，守静笃②。

万物并作③，吾以观复④。夫物芸芸，各复归其根⑤。归根曰静，是谓复命⑥。复命曰常，知常曰明⑦。不知常，妄作，凶。

知常容⑧，容乃公，公乃（王）[全]，（王）[全]乃天⑨，天乃道，道乃久，没身不殆⑩。

[注释]

①"致虚"，使心灵虚静。"极"，极度，极点。此句帛书本作"致虚极也"，竹简本作"致虚恒也"。古字"极"与"恒"易混，《易传》的"太极"在帛书《易传》中写为"太恒"。《老子》原初是"致虚极"还是"致虚恒"，现难以断定。

②"守静"，保持虚静。"笃"，笃实，坚定。此句帛书甲本作"守情表也"，乙本作"守静督也"，竹简本作"守中笃也"。"守中"可读为"守冲"，如《老子》五章所云"多言数穷，不如守中"，"冲"亦表示虚静。又，郭沂《郭店竹简与先秦学术思想》说："老子所追求的，是'美'与'恶'、'善'与'不善'分化之前的状态，这其实正是一种'中'的状态。故'中'本来是老子的重要范畴，盖后世道家学者因其为儒家所倡导，遂改为'静'。"可参考。

③"作"，生长，兴起。

④"复"，归返，复归。

⑤"夫物"，帛书本作"天物"，"天"可能是"夫"之误字。"芸芸"，众多，繁盛。"复归其根"，指复归于"道"。《庄子·在宥》篇有"万物云云，各复其根"，"云云"通"芸芸"。此句竹简本作"天道员员，各复其根"，"员员"通"云云"，或将"员员"读为"圆圆"，谓天道是"圆"的过程。

竹简本此章至"各复其根"结束，无后面的"归根曰静……"

⑥"复命"，复归本性。

⑦"常"，恒常，宇宙的常规。"明"，明察，心灵的澄明。

⑧"容"，宽容，包容。

⑨"公乃全，全乃天"，王弼本和其他诸本均作"公乃王，王乃天"，帛

书本亦如此。王弼注此二句云:"荡然公平,则乃至于无所不周普也;无所不周普,则乃至于同乎天也。"劳健《老子古本考》谓:"此二句'王'字盖即'全'字之讹。'公乃全,全乃天',全、天二字为韵。王弼注云'周普'是也。""天",在此为自然之义。

⑩"没身",终身。"殆",危险。

[译文]

使心灵虚静到极点,坚定地守住这种虚静的状态。

万物都在生长,我从中看到它们向本原的复归。万物纷纷芸芸,各自都要复归于它们的"根"。归了根就叫静,这就是复归本性。复归本性叫做"常",知道了"常"叫做"明"。不知道这个"常",轻举妄动,就会有凶灾。

知道了"常"就可以宽容大度,宽容大度就可以公正无私,公正无私就可以周全,周全就符合自然,符合自然就合于"道",合于"道"就能长久,终身没有危险。

十七章

太上①,下知有之②;其次,亲而誉之③;其次,畏之④;其次,侮之⑤。

信不足焉⑥,有不信⑦焉。(悠)[犹]兮⑧其贵言⑨。功成事遂⑩,百姓皆谓"我自然"⑪。

[注释]

① "太上",最高,此指最理想的执政者。

② "下",指人民。"知有之",谓仅仅知道有个执政者,而不知道他在做什么,感觉不到他的影响。此即执政者的无为之治。③ "亲而誉之",谓人民知道了执政者做了好事,故亲近而称赞他。此指有为之德治。帛书本和竹简

本无此句中的"而"字。

④"畏之",谓人民知道了执政者的厉害,故畏惧他。此指有为之法治。

⑤"侮之",谓人民知道了执政者作恶多端,故侮辱他。此指有为之乱政。

⑥"信不足焉",指执政者的诚信不足。《老子》六十三章:"轻诺必寡信。"按帛书本和竹简本,"焉"字应下读,作"信不足,焉有不信",没有"不信"后面的"焉"字。"焉有不信"的"焉",犹"乃",意为"于是"。

⑦"有不信",指人民不信任执政者。

⑧"犹",据河上公本、傅奕本、帛书本和竹简本改,此与十五章"犹兮若畏四邻"的"犹"同义,即谨慎。

⑨"贵言",以言为珍贵,即"希言",少说话。《老子》二十三章:"希言自然",与五章所云"多言数穷"相反。

⑩"功成事遂",帛书本作"成功遂事",竹简本作"成事遂功"。

⑪"自然",自己而然,自己如此。"百姓皆谓'我自然'",如上古《击壤歌》所云:"日出而作,日入而息;凿井而饮,耕田而食。帝力于我何有哉!"此句帛书本无"皆"字,竹简本作"而百姓曰我自然也"。

[译文]

最理想的执政者,人民仅仅知道有他;其次,亲近而称赞他;再其次,畏惧他;最次,侮辱他。

执政者的诚信不足,才有人民对执政者的不信任。谨慎啊,好的执政者不轻易说话。事情成功了,老百姓都说"这是我们自己而然"。

十八章

大道废,有仁义①;(慧)智[慧]出,有大伪②;六亲③不和,有孝慈④;国⑤家昏乱,有忠臣⑥。

[注释]

① "仁义"，儒学的宗旨。竹简本此章与前一章 "……成事遂功，而百姓曰我自然也"相连，其间没有分章符号，写为："故大道废，安有仁义；六亲不和，安有孝慈；邦家昏[乱]，安有正臣。"其中"安"读为"焉"，可解为"于是"。

② "智慧"，王弼本误倒为"慧智"，据河上公本、傅奕本和帛书本改。王弼注云："故智慧出则大伪生也"，可见王弼本原亦作"智慧"。

竹简本无"智慧出，有大伪"。此对于如何理解"大道废，有仁义"、"六亲不和，有孝慈"关系较大。若"仁义"、"孝慈"与"大伪"并列，则是对"仁义"、"孝慈"取强烈反对的态度；若无"大伪"句，则"仁义"、"孝慈"不是被完全排斥，而是比"大道"等而下之的道德观念，可参读《老子》三十八章："故失道而后德，失德而后仁，失仁而后义，失义而后礼。"

③ "六亲"，指父子、兄弟、夫妇。

④ "孝慈"，在此当理解为"孝慈"之名，而非孝慈之实。《老子》十九章云："绝仁弃义，民复孝慈"（竹简本作"绝伪弃诈，民复孝慈"），可见老子对于孝慈之实并不反对。

⑤ "国"，帛书甲本和竹简本作"邦"，帛书乙本和诸传本的"国"字可能是避汉高祖刘邦讳而改。以下"邦"、"国"异文不另加注。

⑥ "忠臣"，傅奕本、帛书本作"贞臣"，竹简本作"正臣"。

[译文]

大道荒废了，才有了仁义；智巧出现了，才有了诈伪；六亲不和睦，才有了"孝慈"；国家昏乱，才有了忠臣。

十九章

绝圣弃智，民利百倍①；绝仁弃义，民复孝慈②；绝巧弃利③，盗贼无有。

此三者以为文④不足，故令有所属⑤：见素抱朴⑥，少私寡欲。

[注释]

　　①"绝圣弃智，民利百倍"，诸传本和帛书本皆如此。高亨《老子正诂》："《老子》书称圣人者凡三十许处，皆视为至高之人而无诋訾之语，此乃云绝圣者，非自相矛盾也。《说文》：'圣，通也。'是此字之义。……此圣字仅是博通深察；可云大智曰圣，与圣人之圣异义。"据马王堆出土帛书《五行》篇，以及郭店出土竹简《五行》篇和《六德》篇，"圣"、"智"是当时儒家所讲的"五行"（仁、义、礼、智、圣）或"六德"（圣、智、仁、义、忠、信）中的重要德目。竹简本此句作"绝智弃辩，民利百倍"，若依竹简本，《老子》书本不"绝圣"。

　　竹简本相当于十九章的文字是："绝智弃辩，民利百倍；绝巧弃利，盗贼无有；绝伪弃诈（'诈'或释文为'虑'），民复孝慈。三言以为辨不足，或令之有乎属：视素保朴，少私寡欲。"这一章突出表明竹简本与帛书本、通行本在儒道关系上的不同。

　　②"绝仁弃义，民复孝慈"，若依竹简本"绝伪弃诈（虑），民复孝慈"，则《老子》书本不弃绝仁、义。

　　③"巧"，工巧。"利"，货利。

　　④"此三者"，指圣智、仁义、巧利。"文"，文饰，与"素"、"朴"相对。

　　⑤"属"，归属，适从。

　　⑥"见"，通"现"，外表。"素"，本义是没有染色的丝，在此与"朴"同为质朴、朴素之义。"见素抱朴"，谓内外都保持朴素。

[译文]

　　弃绝了圣、智，人民可以获利百倍；弃绝了仁、义，人民才可恢复孝慈；弃绝了工巧、货利，盗贼才能消失。

　　把这三者（圣智、仁义、巧利）作为教化的文饰，不足以治理天下，所以要使人有所归属：保持朴素，减少私欲。

二十章

（绝学无忧。）①唯之与阿②，相去几何？（善）[美]之与恶，相去（若何）[何若]③？人之所畏，不可不畏④。

荒兮，其未央哉⑤！众人熙熙，如享太牢，如春登台⑥。我独泊兮，其未兆⑦；[沌沌兮，]⑧如婴儿之未孩⑨；儽儽⑩兮，若无所归。

众人皆有余，而我独若遗⑪。我愚人之心⑫也哉！（沌沌兮！）
俗人昭昭，我独昏昏⑬；俗人察察，我独闷闷⑭。澹兮其若海，飂兮若无止⑮。众人皆有以，而我独顽（似）[且]鄙⑯。我独异于人，而贵食母⑰。

[注释]

① "绝学无忧"，诸传本均如此。蒋锡昌、高亨等认为此句应属十九章，接"见素抱朴，少私寡欲"。竹简本此章排在四十八章上段"[为]学者日益……无为而无不为"之后，郭沂《郭店竹简与秦学术思想》认为"绝学无忧"应属"学者日益"章。今从郭说。

② "唯"，恭敬的答应声。"阿"，通"诃"，《说文》："诃，大言而怒也。"帛书本和竹简本无"唯之与阿"和"美之与恶"的"之"字。

③ "美"，王弼本作"善"；"何若"，王弼本作"若何"。此两处据傅奕本、帛书本和竹简本改。"美"与"恶"对言，已见《老子》二章。王弼注云："唯阿美恶，相去何若。"可见王弼本原亦作"美"、"何若"。

④ "不可不畏"，帛书乙本作"亦不可以不畏人"，竹简本作"亦不可以不畏"。竹简本此章至此句结束，无后面的"荒兮……而贵食母"。

竹简本在"不畏"下有句读，后接"人宠辱若惊……"。如果竹简本的"人"字属上读，则与帛书乙本"亦不可以不畏人"同。刘殿爵说："今本作：

'人之所畏，不可不畏。'帛书本作：'人之所畏（甲本以上二字残缺）亦不可以不畏人。'（甲本'可'字以下残缺）……今本的意思是，别人所畏惧的，自己也不可以不畏惧。而帛书本的意思却是，为人所畏惧的——就是人君——亦应该畏惧怕他的人。两者意义很不同，前者是一般的道理，后者则是对君人者所说有关治术的道理。"（《马王堆汉墓帛书老子初探》，《明报月刊》1982年9月号）

⑤"荒"，广漠，寥廓。"未央"，无尽。

⑥"熙熙"，兴高采烈的样子。"太牢"，牛、羊、猪三牲，祭典所用，此指丰盛的筵席。"台"，高台。

⑦"泊"，淡泊，恬静。"未兆"，没有迹象，形容深沉而不露声色。

⑧"沌沌兮"，此三字原在"我愚人之心也哉"句后。马叙伦《老子校诂》谓："此三句当在'如婴儿之未咳'上，所以形容婴儿浑沌未分，不知咳笑，与'儽儽兮'对文。"张松如《老子说解》谓马说"虽无据，但于文义则甚晓畅，姑从之"。

⑨"孩"，读为"咳"，《说文》："咳，小儿笑也。"

⑩"儽"（lěi）。"儽儽"，疲倦懒散的样子。

⑪"遗"，或读为"匮"，不足，与"有余"对文；依王弼注"若遗失之也"，或可直解为心理上的若有所失，此亦与心理上的心满意得相对。"遗"与"余"押韵。

⑫"愚人之心"，实乃大智若愚。

⑬"昭昭"，聪明外露的样子。"昏昏"，昏昧无知的样子。

⑭"察察"，苛察计较的样子。"闷闷"，迟钝糊涂的样子。

⑮"澹"，深沉。"飂"（liáo），高风。

⑯"有以"，有所作为。"顽且鄙"，王弼本作"顽似鄙"，据傅奕本和王弼注改。王弼注云："无所欲为，闷闷昏昏，若无所识，故曰'顽且鄙'也。"

⑰"食母"，指滋养万物的"道"。

[译文]

应诺与呵斥，相差有多少？美好与丑恶，相异在哪里？别人所畏惧的，自己也不可以不畏。

寥廓啊，世事没有尽头！众人熙熙攘攘，像是参加盛大的筵席，又像是春日里去登高远眺。我却独自淡泊守静，深沉而不露声色；浑浑沌沌啊，像是还不会笑的婴儿；疲疲沓沓啊，像是无家可归。

众人都心满意得的样子，而我却独自若有所失。我是"愚人"之心啊！

世人都聪明伶俐，惟独我昏昏昧昧；世人都斤斤计较，惟独我糊里糊涂。深沉啊，像是大海；飘渺啊，若无止境。众人都有才可施，惟独我愚笨、粗鄙。我独自与世人不同，而以那滋养万物的"道"为最珍贵。

二十一章

孔德①之容②，惟道是从。

道之为物③，惟恍惟惚。惚兮恍兮，其中有象④；恍兮惚兮，其中有物⑤。窈兮冥兮⑥，其中有精⑦；其精甚真，其中有信⑧。

自（古）[今] 及（今）[古]⑨，其名不去，以阅众甫⑩。吾何以知众甫之状哉？以此⑪。

[注释]

① "孔"，大。"德"，物所得于"道"者，"道"寓于万物之中的体现和作用。《管子·心术上》："德者道之舍（舍寓），物得以生，生得以职道之精。故德者，得也，其谓所得以然也。以无为之谓道，舍之之谓德。故道之与德无间，故言之者无别也。"《韩非子·解老》："德者，内也"，"德者，道之功"。王弼《老子》三十八章注："德者，得也。""道"具有形而上的超越性，有形之物得到了"道"就谓之"德"，或者说，"道"内在于天地万物就

是"德","道"因"德"而体现和作用。

②"容",动作,容态。苏辙《老子解》:"道无形也,及其运而为德,则有容矣。""容"即德之容态、道之体现。

③"道之为物",犹如说"道这个东西"。

④"象",犹如"气象"的"象"。《易传·系辞上》:"在天成象,在地成形。""象"与"形"有差别,"象"不如"形"那么确定。《老子》十四章:"无状之状,无物之象,是谓惚恍。"

⑤"有物",犹如说"有东西存在"。

⑥"窈"(yǎo),深远。"窈兮冥兮",形容幽深不可见。

⑦"精",精微,最微小、不可见的原质。《庄子·秋水》:"精,小之微也。"《管子·内业》:"精也者,气之精也。"中国古代所说的"精",不同于古希腊哲学所说的"原子",而是与"无形"相统一,既精微又无形、连续,是朴素的"波粒二象性"思想。

⑧"信",信验,真实。

⑨"自今及古",王弼本作"自古及今",据傅奕本、范应元本和帛书本改。马叙伦《老子校诂》:"各本作'自古及今',非是。'古'、'去'、'甫'韵。"

⑩"阅",照察,认识。"甫",通"父","众甫"谓万物之始。

⑪"以此","此"指"道"。

[译文]

大德的行止,是完全依循于"道"的。

"道"这个东西,恍恍惚惚。惚啊恍啊,其中有"象";恍啊惚啊,其中有"物"。窈窈冥冥,其中有精微而不可见的东西。这种精微的东西是很真实的,是可信验的真实存在。

从现在上溯远古,它的名字永不逝去,由此可知万物的本始。我是怎么知道万物本始的情形的?就是从"道"。

二十二章①

曲则全②，枉③则直，洼则盈，敝④则新，少则多，多则惑。

是以圣人抱一⑤，为天下式⑥。不自见⑦，故明；不自是⑧，故彰；不自伐⑨，故有功；不自矜⑩，故长。

夫唯不争，故天下莫能与之争。古之所谓"曲则全"者，岂虚言哉？诚全而归之⑪。

[注释]

①帛书本在相当于二十一章的文字之后接二十四章的文字，二十二章文字在二十四章文字之后。

②"曲"，委曲。"全"，保全。

③"枉"，弯曲。

④"敝"，破旧。

⑤"抱一"，守道。

⑥"式"，法式，范式。

⑦"见"，读为"现"。"自见"，自己炫耀。

⑧"自是"，自以为是。

⑨"自伐"，自夸。

⑩"自矜"，自骄自满。

⑪"诚"，诚然，确实。"全而归之"，谓得到保全。

[译文]

委曲才能保全，屈枉才能伸直，低洼才能盈满，破旧才能翻新，少取可以多得，贪多便会迷惑。

所以，圣人守道，为天下人的楷模。不自己炫耀，故而显著；不自以为是，故而彰明；不自夸，故而有功；不自傲，故能长进。

正是因为不争,所以天下人没有能和他相争的。古人所说的"委曲方可保全",难道是空话吗?诚然,委曲的人的确得到了保全。

二十三章

希言①自然。

故飘风不终朝②,骤雨不终日。孰为此者?天地。天地③尚不能久,而况于人乎?故从事于道者,(道者)④同于道;德者⑤,同于德;失者⑥,同于失。同于道者,道亦乐得之;同于德者,德亦乐得之;同于失者,失亦乐得之⑦。

信不足焉,有不信焉⑧。

[注释]

① "希",通"稀"。"希言",即少说话。此章前、中、后三段文义不相连,可能是错简或分章之误。

② "飘风",暴风。"朝",早晨。

③ "天地",指天地所为。《老子》七章云"天长地久",故知此处非指天地本身,而是指天地所为,即"飘风"、"骤雨"等。

④ "道者",衍文,据帛书本删。

⑤ "德者","德"与"得"通。"得者"即得"道"者,亦即有"德"者。

⑥ "失者",即失"道"或失"德"者。

⑦ "失亦乐得之",谓失"德"而引起的失败不可避免。"同于道者……失亦乐得之",帛书本作:"同于德者,道亦德之;同于失者,道亦失之。"帛书本比通行本义长。

⑧ "信不足焉,有不信焉",这两句已见于十七章,帛书本没有这两句。

[译文]

少说话，乃符合自然。

所以，暴风刮不了一早晨，骤雨下不了一整天。是谁在刮风下雨呢？是天地。天地所为尚且不能持久，又何况人为呢？因此，从事于"道"的人，行为同于"道"；有"德"的人，行为同于"德"；失"德"的人，行为同于失"德"。同于"道"的人，"道"也乐于得到他；同于"德"的人，"德"也乐于得到他；同于失"德"的人，其失败不可避免。

执政者的诚信不足，才有了人民对执政者的不信任。

二十四章①

企者不立②，跨者不行③，自见者不明④，自是者不彰，自伐者无功，自矜者不长。

其在道也，曰⑤：余食、赘行⑥。物或⑦恶之，故有道者不处。

[注释]

①帛书本相当于二十四章的文字在二十二章之前。

②"企"，通"跂"（与"企"同音），踮起脚跟。"不立"，谓站不牢，不能久立。帛书本"企"作"炊"。

③"跨"，大跨步。"不行"，谓行不远。帛书本无"跨者不行"句。

④"见"，读为"现"。二十二章："不自见，故明。"

⑤"其在道也，曰"，这些从"道"的观点说。

⑥"余食"，剩饭。"行"，通"形"，"赘形"即赘瘤。

⑦"物"，如"物议"之"物"，指众人。"或"，通"有"。

[译文]

踮起脚跟的人不能久站，跨步大的人不能远行，自己炫耀的人反而不显，自以为是的人反而不明，自夸者无功，自傲者不会有长进。

这些从"道"的观点说：都是剩饭、赘瘤。大家都厌恶它们，所以有"道"的人不这样做。

二十五章

有物混成，先天地生①，寂兮寥兮②，独立[而]不改③，周行而不殆④，可以为天下母⑤。吾不知其名，字之⑥曰道，强为之名曰大。大曰逝，逝曰远，远曰反⑦。

故道大，天大，地大，王亦大⑧。域⑨中有四大，而王居其一焉。

人法地，地法天，天法道，道法自然⑩。

[注释]

①"有物"，犹如说"有个东西"，此处指"道"。竹简本"有物"作"有状"。"混成"，意谓混然而存在。"混成"的"成"和"先天地生"的"生"，都不是说"道"在天地之先而产生、形成，而是说"道"在天地之先就已经存在了。"道"的存在是无始无终的。"先天地生"，意谓先于天地的产生。

②"寂"，无声。"寥"，空阔，无形。

③"而"，据河上公本、傅奕本、帛书本补。"独立而不改"，河上公注："独立者无匹双，不改者化有常。"此谓"道"之存在的绝对性和运动的恒常性。

④"周行"，循环运行。"殆"，通"怠"，"不殆"谓不息。帛书本、竹简本无"周行而不殆"句。

⑤"天下母",范应元本、帛书本作"天地母",河上公本、傅奕本、竹简本与王弼本同。"天下母"即天下万物之母。

⑥"字",表字,别名。"字之",不是正式称名,亦有勉强为之名的意思。傅奕本、范应元本"字"前有"强"字,河上公本、景龙碑本、帛书本和竹简本无"强"字。

⑦"曰",在此相当于"则"。"逝",往,离去。"反",通"返"。"逝"、"远"、"返",谓道的"周行"。

⑧"王亦大"及后面的"王居其一焉",傅奕本、范应元本两"王"字作"人",河上公本、帛书本和竹简本均作"王"。竹简本"道大"在"天大,地大"之后。

⑨"域",空间。帛书本、竹简本作"国",与"域"通。

⑩"道法自然",谓"道"顺任自己而然(自己如此)、自然而然。河上公注:"'道'性自然,无所法也。"王弼注:"法自然者,在方而法方,在圆而法圆,于自然无所违也。自然者,无称之言,穷极之辞也。""自然"有自己而然和自然而然的意思。"道"顺任自己而然,即"道"不效法别的东西,"无所法也";"道"顺任自然而然,即"道"是无意识、无为的,于万物之自然或本然"无所违也"。

[译文]

有个混然存在的东西,它在天地产生之先就已经有了,无声且无形,独立而永存,周行而不止,可以为天下万物之母。我不知它的名称,只能表其字为"道",勉强起个名叫"大"。大则能往,往则能远,远则能返。

所以,"道"大,天大,地大,王也大。宇宙间有四大,王是其中之一。

人效法地,地效法天,天效法"道",而"道"则是纯任自己而然、自然而然。

二十六章

重为轻根,静为躁君①。

是以(圣人)[君子]②终日行不离辎重③,虽有荣观,燕处超然④。奈何万乘之主⑤,而以身轻天下⑥?

轻⑦则失本,躁⑧则失君。

[注释]

①"躁",动。"君",宗主,统率。

②"君子",王弼本作"圣人",景龙碑本、傅奕本、范应元本等及帛书本作"君子",今据改。奚侗《老子集解》:"'君子'谓卿、大夫、士也……对下'万乘之主'言。"

③"辎重",行军时运载的器械、粮食。

④"荣观",荣华之境,游观之所。蒋锡昌《老子校诂》:"此言道〔路〕中虽有荣华之境,可供游观,然彼仍安随辎重之旁,超然物外,而不为所动也。"

⑤"万乘",万辆兵车。"万乘之主"指大国的君主。

⑥"以身轻天下",谓本应以天下为重,天下是君主之身的根本,而君主却骄奢淫逸,以自己之身看轻天下。《韩非子·喻老》:"邦者,人君之辎重也。"河上公注:"王者至尊,而以其身行轻躁乎?疾时王奢恣轻淫也。"吴澄《道德真经注》:"以身轻天下,谓以其身轻动于天下之上也。"

⑦"轻",谓轻率而不稳重。

⑧"躁",谓躁动而不静止。

[译文]

重是轻的根本,静是动的宗主。

所以,君子行军时整日不离开辎重,途中虽有佳境美景,也超然不为其所动。作为万乘之国的君主，怎么能追求一身的快乐而把天下看轻了呢？

轻率而不稳重，就失去了根本；躁动而无静止，就失去了宗主。

二十七章

善行无辙迹①，善言无瑕谪②，善数不用筹策③，善闭无关楗④而不可开，善结无绳约⑤而不可解。

是以圣人常善救人，故无弃人；常善救物，故无弃物。是谓袭明⑥。

故善人者，不善人之师；不善人者，善人之资⑦。不贵其师，不爱其资，虽智大迷。是谓要妙⑧。

[注释]

① "辙迹"，轨迹。"善行无辙迹"，谓善于行走而不留痕迹。
② "瑕谪"，玉疵。"无瑕谪"，谓没有缺点、毛病。
③ "善数"，善于计算。"筹策"，古时用于计算的工具。
④ "闭"，闭门，锁门。"关楗"，关锁门户的栓梢。
⑤ "结"，打结，捆缚。"绳约"，绳索。
⑥ "袭"，承袭，因顺，《小尔雅·广诂》："袭，因也。""明"，《老子》十六章"知常曰明"的"明"，即对"道"的认识。
⑦ "资"，凭借，借鉴。
⑧ "要妙"，精要玄妙。

[译文]

善于行走的，不留痕迹；善于言说的，无可挑剔；善于计算的，不用筹码；善于关闭的，不用栓梢却使人不可开；善于打结的,不用绳索却使人不可解。

所以,圣人总是善于挽救人,故而没有被遗弃的人;总是善于拯救物,故而没有被废弃的物。这就是因顺对"道"的认识。

因此,善人是不善人的老师,不善人是善人的借鉴。如果不尊重他的老师,不珍爱他的借鉴,虽然有小智,而其实是大迷。这就是精要玄妙的道理所在。

二十八章

知其雄,守其雌①,为天下豀②。为天下豀,常德不离,复归于婴儿。

知其白,(守其黑,为天下式。为天下式,常德不忒,复归于无极。知其荣,)③守其辱④,为天下谷⑤。为天下谷,常德乃足,复归于朴。

朴散则为器⑥,圣人用之,则为官长⑦,故大制不割⑧。

[注释]

① "雄",雄者刚健、进取。"雌",雌者柔顺、退守。

② "豀"(xī),山谷;又同"溪",沟溪。

③ "守其黑……知其荣",易顺鼎、马叙伦、高亨认为此二十三字是"后人窜入之语",陈鼓应、张松如均从之。帛书本在"知其白"后接"守其辱……复归于朴",然后重"知其白",再接"守其黑……复归于无极",张松如《老子校读》指出"其为战国末以至秦汉间人所增补,甚显"。竹简本无此章,不能参证帛书本之前此章文字如何。高亨《老子正诂》论以上二十三字为后人所加,举其六证(文繁不具引),甚辩。今从之。

④ "辱",《老子》四十一章:"大白若辱",易顺鼎《读老札记》:"'辱'有黑义,《仪礼》注:'以白造缁曰辱。'此古义之可证者。"

⑤"谷",山谷,川谷。(《说文》:"泉出通川为谷。")"谷"与"豁"义同,喻低下处,即《老子》八章"处众人之所恶"的意思。

⑥"器",器物。《易传·系辞上》:"形而上者之谓之道,形而下者谓之器。"

⑦"官长",百官之长,指君主。

⑧"大制",指符合"道"的治理。"割",宰割,伤害。蒋锡昌《老子校诂》:"'大制'犹云大治,'无割'犹云无治。盖无治,可以使朴散以后之天下复归于朴,正乃圣人之大治也。"

[译文]

知道什么是雄强,却安守于雌柔,甘愿做天下的沟溪。作为天下的沟溪,常"德"就不会离去,复归于婴儿的状态。

知道什么是白亮,却安守于昏暗,甘愿做天下的川谷。作为天下的川谷,常"德"就可以充足,复归于自然的素朴。

素朴散了就成为各种器物,圣人利用它们而为百官之长。所以,符合"道"的大治,不是去宰割天下。

二十九章

将欲取天下而为之①,吾见其不得已②。天下神器〔也〕③,不可为也,〔不可执也〕④。为者败之,执者失之。

(故)〔凡〕物⑤或行或随⑥,或歔或吹⑦,或强或羸⑧,或(挫)〔载〕或堕⑨。

是以圣人去甚,去奢,去泰⑩。

[注释]

①"取天下",犹云"治天下"。"为",与"无为"相对,指"有为",即违反"自然"而强力作为。

② "不得",不会得到成功。"已",通"矣"。

③ "也",据帛书本"夫天下,神器也"补。"神器",神圣的东西。

④ "不可执也",从刘师培、易顺鼎、马叙伦说补。"执",把持,控制。

⑤ "凡",据傅奕本改。"物",指众人。

⑥ "或行或随",高亨《老子正诂》:"行者步于前,随者从于后,义正相反。"

⑦ "歔",通"嘘"、"呴"。"或歔或吹",高亨《老子正诂》:"缓吐气以温物谓之嘘(或呴),急吐气以寒物谓之吹,义正相反。"

⑧ "羸"(léi),弱。

⑨ "载",王弼本作"挫",义不可通,据河上公本改。河上公注:"载,安也;堕,危也。"

⑩ "甚",极端。"奢",奢侈。"泰",通"太",过分。

[译文]

要想治理天下而强力施以作为,我看他是不会得到成功的。天下是神圣的东西,不可强力而为,也不可加以把持。强力而为的,必然失败;加以把持的,必然丧失。

世人有的行前,有的随后;有的嘘温,有的吹凉;有的强壮,有的羸弱;有的安全,有的危险。

所以,圣人去掉极端,去掉奢侈,去掉过分。

三十章

以道佐人主^①者,不以兵强[于]^②天下。其事好还^③。师之所处,荆棘生焉。大军之后,必有凶年^④。

善(有)[者]果^⑤而已,不(敢)^⑥以取强。果而勿矜,果而勿伐,果而勿骄。果而不得已^⑦,果而勿强^⑧。

物壮则老,是谓不道,不道早已^⑨。

[注释]

① "人主"，君主。

② "于"，据帛书本、竹简本补。

③ "其事好还"，蒋锡昌《老子校诂》："此谓用兵之事，必有不良之还报。"竹简本此句在"是谓果而不强"后，为本章结束语。

④ "师之所处"，军队驻扎的地方。帛书本无"大军之后，必有凶年"，竹简本无"师之所处，荆棘生焉。大军之后，必有凶年"。这四句可能是后人注释而增入正文。

⑤ "者"，原作"有"，据景龙碑本、帛书本、竹简本改。"善者"，指善于辅佐君主的人。"果"，结果，达到目的。

⑥ "敢"，据景龙碑本、帛书本、竹简本删。

⑦ "果而不得已"，谓达到目的是顺其自然，出于不得已。竹简本无此句。

⑧ "果而勿强"，帛书本和竹简本作"是谓果而不强"。

⑨ "不道"，不符合"道"。"早已"，早亡。竹简本无"物壮则老，是谓不道，不道早已"。这三句又见于五十五章，在"心使气曰强"之后，都是对"强"的批评。

[译文]

以"道"辅佐君主的人，不靠兵力逞强于天下。用兵之事，必有报应。驻扎军队的地方，就会长满荆棘。大战之后，一定会有灾荒之年。

善于辅佐君主的人，能达到目的就行了，而不以兵力逞强。达到目的而不自满，不自夸，不自傲。这个目的是顺其自然、出于不得已而达到的，虽然成功了，也不逞强。

凡物强壮了就会衰老，这不符合"道"，不符合"道"就会早亡。

三十一章

夫（佳）①兵者，不祥之器，物②或恶之，故有道者不处③。

君子居则贵左，用兵则贵右④。兵者不祥之器，非君子之器。不得已而用之，恬淡⑤为上，胜而不美⑥。而美之者，是乐杀人。夫乐杀人者，则不可以得志于天下矣。

吉事尚左⑦，凶事尚右。偏将军居左，上将军居右，言以丧礼处之。杀人之众，以哀悲（泣）［莅］⑧之；战胜，以丧礼处之。

[注释]

①"佳"，据帛书本删。"佳"本是"唯"之误字，《老子》书多处"夫"、"唯"连用，如八章"夫唯不争"，十五章"夫唯不可识"、"夫唯不盈"，四十一章"夫唯道"，等等。"夫唯"是承上语词，不应出现于章首。"夫唯兵者"可能原接其他言兵的文字，今在章首，亦是分章之误。

②"物"，指众人。

③竹简本以"君子居则贵左"开始，无"夫兵者……故有道者不处"。

④"居则贵左，用兵则贵右"，中国古人认为阳道居左，阴道居右，阳主生，阴主杀，所以平时居处"贵左"，打仗则"贵右"。"贵左"，即以左为贵。

⑤"恬淡"，淡泊，安静。

⑥"美"，赞美。

⑦"尚左"，以左为上。

⑧"莅"，帛书本作"立"，竹简本作"位"，均读为"莅"（lì），临也。

[译文]

兵器是不祥之物，人们都厌恶它，所以有道的人不使用它。

君子的居处是以左为贵，打仗则是以右为贵。兵器是不祥之物，不是君子所使用的东西。如果不得已而用它，最好淡然处之，即使战胜了，也不要把它当做好事。如果赞美它，那就是喜欢杀人。喜欢杀人的，不可能得志于天下。

吉庆之事以左为上，凶丧之事以右为上。在军队里，偏将军在左边，上将军在右边，这是说按照丧礼来看待打仗。杀人多了，要怀着哀痛的心情去凭吊；打了胜仗，要按照丧礼的规矩来处置。

三十二章

道常无名①，朴虽小②，天下莫能臣（也）③。侯王若能守之，万物将自宾④。

天地相合⑤，以降甘露；民莫之令，而自均[焉]⑥。

始制有名⑦，名亦既有，夫亦将知止，知止可以不殆⑧。

譬道之在天下⑨，犹川谷之（于）[与]江海⑩。

[注释]

① "无名"，《老子》一章云"无名，万物之始"。

② "小"，指"道"的细微不可见。竹简本此字写为"妻"，读为"微"或"细"。

③ "臣"，臣服。"也"，傅奕本和帛书本、竹简本均无"也"字，"臣"与后面的"宾"押韵。此句竹简本作"天地弗敢臣"。

④ "宾"，宾服，归顺。 竹简本在"万物将自宾"句后有分章符号。据此，"天地相合……"当另为一章。

⑤ "天地相合"，谓天地间阴阳之气相合。《易传·系辞上》："天地絪缊，万物化醇；男女构精，万物化生。"

⑥ "自均"，自然均匀。"焉"，据帛书本、竹简本补。

⑦ "始制有名"，谓开始建立制度规范，从而有了"名"。"名"与等级

名分相联系。

⑧"可以不殆",帛书本和竹简本作"所以不殆"。"殆",危险。

⑨"道之在天下",谓"道"遍在于天下万物。

⑩"与",据帛书本、竹简本和王弼注("故曰'犹川谷之与江海'也")改。"犹川谷之与江海",谓江海之水都是川谷所流注,则川谷之水遍在于江海,以喻"道"遍在于万物。"川谷",帛书本和竹简本作"小谷"。

[译文]

"道"总是无名的,质朴的,它虽然细微,但天下没有谁能臣服它。侯王如果能守住它,万物就将自然地归顺。

天地之气相合,便降下甘露;人民不用谁来下命令,就会自然地均匀。

开始建立制度规范,也就有了名;名既然已经有了,那也应该知道适可而止;知道适可而止,就可以避免危险。

"道"遍在于天下万物,就像川谷之水遍在于江海一样。

三十三章

知人者智,自知者明。
胜人者有力,自胜者强①。
知足者富。
强行②者有志。
不失其所③者久。
死而不亡④者寿。

[注释]

①"强",如《老子》五十二章"守柔曰强"的"强",是老子从一般所谓"强"的反面来规定的真正的"强"。

② "强行"，勤行，坚持不懈。《老子》四十一章："上士闻道，勤而行之。"
③ "不失其所"，犹如说"不离开其本应该所处的地方"。"其所"此处指其本分或根基。
④ "死而不亡"，犹如说"死而不朽"，王弼注："身没而道犹存。""亡"，帛书本作"忘"。

[译文]
知道别人的叫做机智，认识自己的才是高明。
战胜别人的叫做有力，战胜自己的才是刚强。
知道满足的人富有。
持之以恒的人有志。
不离开其根基的可以长久。
身死而精神不朽的才是长寿。

三十四章

大道汜①兮，其可左右。万物恃之（而）[以]②生而不辞③，功成[而]不（名）有④。衣养万物⑤而不为主⑥，（常无欲，）⑦可名于小⑧；万物归焉而不为主，可名为大⑨。

[是]以（其）[圣人]终不（自）为大⑩，故能成其大。

[注释]
① "汜"，通"泛"，广泛，形容"道"周流寰宇，无所不在。
② "以"，据景龙碑本、傅奕本改。
③ "不辞"，不推辞，或不自表其功。帛书本无"万物恃之以生而不辞"。
④ "功成而不有"，依易顺鼎、蒋锡昌说改。傅奕本作"功成而不居"，帛书本作"成功遂事而弗名有也"。

⑤"衣养",衣被、抚养,即《老子》五十一章"养之覆之"之义。傅奕本"衣养"作"衣被"。帛书本"衣养万物"作"万物归焉",与下文重复。

⑥"不为主",不为其主宰,即五十一章"长而不宰"之义。

⑦"常无欲",顾欢本、敦煌本无此三字,从奚侗、蒋锡昌、严灵峰说删。陈鼓应《老子注释及评介》:"这三个字是衍文,删去以后,它的上下文是:'衣养万物而不为主,可名于小;万物归焉而不为主,可名为大。'两句恰成对文,如果插入'常无欲'一句,显然是赘文。"按:"常无欲"可能是后人对"不为主"的注释,后混入正文,帛书本时已如此。

⑧"可名于小",强调"道"之不为主宰,故可称为小。

⑨"万物归焉而不为主,可名为大",强调"道"为万物所归往,故可称为大。"万物归焉而不为主",可理解为"不为主而万物归焉"。

吴澄《道德真经注》认为"可名为大"之前或应补"常无名"三字,以与前面的"常无欲"相应。

⑩"是以圣人终不为大",据河上公本、景龙碑本改。傅奕本作"是以圣人能成其大也,以其终不自大",帛书本与傅奕本略同。

[译文]

大"道"广泛啊,周流于左右。万物依靠它生长,而它不自表其功,成功了而不占有。抚养万物而不为其主宰,可以称为小;不为主宰而万物都归往它,可以称为大。

因此,圣人终究不自以为大,所以能成就他的伟大。

三十五章

执大象①,天下往②。往而不害,安平太③。

乐与饵④,过客止。道之出口⑤,淡乎其无味。视之不足见,听之不足闻,用之不(足)[可]既⑥。

[注释]

① "大象",指"道"。《老子》四十一章:"大象无形。"

② "往",归往。

③ "太",竹简本作"大"。"大"、"太"、"泰"古通用。"安平太",即安宁、和平、通泰。"安"或读为"焉",作"于是"解,帛书本和竹简本多见此用法,但通行本少此用例。

④ "乐与饵",音乐与美食。

⑤ "道之出口",谓把"道"说出来。

⑥ "可",据帛书本、竹简本改。"既",穷尽。此句竹简本作"而不可既也",无"用之"二字。

[译文]

执守大"道",天下人都会来归往。万民归往而不受到伤害,天下就安宁、和平、通泰。

音乐与美食,可以吸引过客止步。而把"道"说出来,却淡然无味。看它,无形而不可见;听它,无声而不可闻;但用起它来,却不可穷尽。

三十六章

将欲歙①之,必固②张之;将欲弱之,必固强之;将欲废之,必固兴之;将欲夺③之,必固(与)[予]④之。是谓微明⑤。

柔弱胜刚强。鱼不可脱于渊⑥,国之利器⑦不可以示人。

[注释]

① "歙"(xī),收敛,收缩。

② "固",读为"姑"。马叙伦《老子校诂》:"固,读为姑且之姑,《韩

非子·说林上》引《周书》曰：'将欲败之，必姑辅之；将欲取之，必姑予之。'是其证。"此字帛书本写为"古"，读为"姑"。

③"夺"，夺取。此字通行本和帛书本均作"夺"，《韩非子·喻老》引作"取"，范应元本、彭耜本亦作"取"。盖"取"与"与"对言，"夺"与"予"对言。今从帛书本。

④"予"，据帛书本改。"予"即给予。

⑤"微明"，幽微之明，即在幽微中识见将来的发展。《老子》四十章云："反者，道之动；弱者，道之用。"凡事物都向相反的方向发展，"道"之运用是应之以柔弱，能知此天道、人事的规律，则见微知著，识见将来的发展。"微明"之"微"，相当于"几"，《易传·系辞下》："几者，动之微，吉凶之先见者也。"

⑥"脱"，脱离。"鱼不可脱于渊"，谓鱼在水之渊深处则安全，若到了浅明处则有被捕之虞。

⑦"国之利器"，指国家的赏罚政令和权柄、权谋等。

[译文]

想要收缩它，必先扩张它；想要削弱它，必先加强它；想要废止它，必先兴起它；想要夺取它，必先给予它。这就是所谓"幽微之明"。

柔弱胜过刚强。鱼不可以离开水之深处，国家的"利器"不可以明示于人。

三十七章

道常无为（而无不为）［也］①，侯王若能守之，万物将自化②。化而欲作③，吾将镇之以无名之朴④，（无名之朴，）⑤夫亦将（无欲）［知足］⑥。（不欲）［知足］以静⑦，天下将自定⑧。

[注释]

① "道常无为也",据竹简本"道恒无为也"改。此句帛书本作"道恒无名"。"而无不为"四字涉《老子》四十八章"无为而无不为"衍。

② "自化",自生自长,自己发展。

③ "欲作",欲望发作。

④ "吾将镇之以无名之朴",竹简本无"吾"字。"无名之朴"指"道",三十二章云"道常无名,朴虽小,天下莫能臣"。

⑤ "无名之朴",据竹简本删。帛书本在"无名之朴"前有"镇之以"。

⑥ "知足",据竹简本改。《老子》三十三章:"知足者富。"四十四章:"知足不辱,知止不殆,可以长久。"四十六章:"祸莫大于不知足,咎莫大于欲得。故知足之足,常足矣。"此句帛书本作"夫将不辱","不辱"盖因四十四章"知足不辱"而误。

⑦ "知足以静",据竹简本改。此句帛书本作"不辱以静"。

⑧ "天下将自定",竹简本作"万物将自定",帛书本作"天地将自正"。

[译文]

"道"永远是无为的,侯王如果能守住它,万物就将自己发展。在自己发展中有欲望发作,我就以"无名之朴"来镇住它,这样也就知足而没有贪欲了。知足则安静,天下就自然达到稳定。

下 篇

三十八章

上德不德①,是以有德;下德不失德②,是以无德。

上德无为而无以为③,(下德为之而有以为,)④上仁为之而无以为,上义为之而有以为,上礼为之而莫之应⑤,则攘臂而扔之⑥。

故失道而后德,失德而后仁,失仁而后义,失义而后礼。

夫礼者,忠信之薄⑦而乱之首⑧。

前识者⑨,道之华⑩而愚之始。

是以大丈夫处其厚⑪,不居其薄⑫;处其实⑬,不居其华⑭。故去彼取此⑮。

[注释]

① "上德",此"德"字即《老子》二十一章"孔德"之"德"。"上德不德",谓上德之人因顺自然,不讲求外在形式的、即非出于自然的"德"。后一种"德"指仁、义、礼等。韩愈在《原道》一文中说:"仁与义为定名,

道与德为虚位。"即是说,"仁"与"义"有儒家所确定的涵义,而"道"与"德"则各家所指不同。

②"下德不失德",谓下德之人拘守于外在形式的"德"。

③"无以为",不有意作为,即不以主观欲望和目的去作为。《韩非子·解老》所引和傅奕本作"无不为"。

④"下德为之而有以为",诸传本有此句,各家注解不一,在文字上对"为之"或"无为"、"有以为"或"无以为"亦作了各种不同的组合,均难与上下文义通顺。《韩非子·解老》所引和帛书本无此句,今据删。

⑤"莫之应",没有人响应。

⑥"攘臂",捋起袖子,伸出胳膊。"扔",牵引。

⑦"薄",淡薄、衰落。

⑧"乱之首",祸乱的开端。

⑨"前识",臆测,先知。《韩非子·解老》:"先物行、先理动之谓前识。前识者,无缘而妄意度也。"

⑩"华",虚华。

⑪"厚",敦厚,指"上德无为"。

⑫"薄",浇薄,指"礼"。

⑬"实",朴实,指"上德无为"。

⑭"华",虚华,指"前识"。

⑮"彼",指浇薄、虚华。"此",指敦厚、朴实。

[译文]

上德之人不讲求"德",所以实是有德;下德之人拘守于"德",所以实是无德。

上德之人因顺自然,不有意作为;上仁之人有所施为,却也是出于无意;上义之人有所施为,乃是出于有意;上礼之人有所施为而得不到响应,乃至于捋起袖子伸出胳膊去强拽别人。

所以,失去了"道"然后才有"德",失去了"德"然后才有仁,失去了仁然后才有义,失去了义然后才有礼。

礼,意味着忠信的淡薄、衰落,是祸乱的开端。

所谓"先知",乃是"道"的虚华,是愚昧的开始。

因此,大丈夫立身于敦厚,而不居于浇薄;立身于朴实,而不居于虚华。所以要弃浇薄、虚华,而取敦厚、朴实。

三十九章

昔之得一①者:天得一以清,地得一以宁,神得一以灵,谷得一以盈,万物得一以生②,侯王得一以为天下贞③。

其致之[也]④,天无以清将恐裂,地无以宁将恐发⑤,神无以灵将恐歇⑥,谷无以盈将恐竭,万物无以生将恐灭⑦,侯王无以贵高⑧将恐蹶⑨。

故贵以贱为本,高以下为基。是以侯王自谓孤、寡、不穀⑩,此非以贱为本邪?非乎?故致数舆[誉]无舆[誉]⑪。不欲琭琭如玉,珞珞如石⑫。

[注释]

① "一",指"道"。

② "万物得一以生",帛书本无此句。

③ "贞",通"正",河上公本、景龙碑本、帛书本均作"正"。"正",君长。《尔雅·释诂》:"正,长也。"《广雅·释诂》:"正,君也。"

④ "也",据帛书本补。"其致之也",谓推而言之。

⑤ "发",读为"废"。高亨《老子正诂》:"发、废古通用。"

⑥ "歇",消失。

⑦ "万物无以生将恐灭",帛书本无此句。

⑧ "贵高",范应元本作"贞",帛书本作"贵以高"。"贵以高"犹云"贵且高",《易传·坤卦·象传》:"六二之动,直以方也。""以"意为"且"。"贵高"相应于"正"即君长而言。

⑨"蹶",跌倒,失败。

⑩"榖"(gǔ),善。"孤、寡、不榖",君主的谦称。

⑪"誉",据傅奕本、范应元本、吴澄本改。据陆德明《经典释文》,王弼古本原亦作"誉"。"致数誉无誉",谓追求很多荣誉,实则得不到荣誉。

⑫"琭"(lù)。"琭琭",形容玉之华美。"珞"(luò)。"珞珞",形容石之坚硬。王弼注:"玉石琭琭、珞珞,体尽于形,故不欲也。"楼宇烈《王弼集校释》:"'体尽于形',意为玉石坚硬之质全部表露于其外形上,而不能深藏,因而贵贱、毁誉一目了然。"

[译文]

自古以来得到"一"的:天得到"一"而清明,地得到"一"而宁静,神得到"一"而灵验,川谷得到"一"而充盈,万物得到"一"而生长,侯王得到"一"而为天下的君长。

推而言之,天若不清明则将破裂,地若不宁静则将崩溃,神若不灵验则将消失,川谷若不充盈则将枯竭,万物若不生长则将灭绝,侯王若不高贵则将覆亡。

因此,贵以贱为根本,高以下为基础。故而侯王自称"孤家"、"寡人"、"不榖",这不是以贱为根本吗?难道不是吗?所以,追求很多荣誉,实际上得不到荣誉。不要像玉、石那样,将其华美、坚硬全都表露在外。

四十章①

反②者道之动,弱者道之用③。
天下万物生于有④,有生于无⑤。

[注释]

①帛书本相当于四十章的文字在四十一章文字之后,与四十二章的文字

相接。

②"反",相反,归返。

③"弱",柔弱。"用",作用。

④"有",有形、有名。《老子》一章:"有名,万物之母。""天下万物",帛书本、竹简本作"天下之物"。

⑤"无",无形、无名。《老子》一章:"无名,万物之始。""有生于无",竹简本缺"有"字。

[译文]

向相反的方向变化,是"道"的运动;保持柔弱的状态,是"道"的作用。

天下万物产生于"有","有"产生于"无"。

四十一章

上士闻道,勤而行之①;中士闻道,若存若亡②;下士闻道,大笑③之。不笑④不足以为道。故建言有之⑤:

明道若昧,进道若退,夷道若颣⑥;

上德若谷,大白若辱⑦,广德若不足,建德若偷⑧,质真若渝⑨;

大方无隅⑩,大器晚成⑪,大音希声⑫,大象无形。

道(隐)[始]无名⑬。夫唯道,善(贷)[始]且[善]成⑭。

[注释]

①"勤",努力。"勤而行之",帛书本作"堇能行之",竹简本作"堇能行于其中"。"堇",或读为"勤",或读为"仅"。

②"若存若亡",竹简本作"若闻若亡"。

③"笑",嘲笑。

④"不笑",帛书本作"弗笑",竹简本作"弗大笑"。

⑤"建言有之",古人立言有这样的话。

⑥"夷",平。"纇"(lèi),丝上的疙瘩,此处指路高低不平。

⑦"大白若辱","辱"有黑义,参见二十八章"守其辱"的注。

⑧"建",通"健",刚健。"偷",怠惰,懒散。

⑨"渝",变污。

⑩"隅",棱角。⑪"大器晚成",竹简本"晚"作"慢"。

⑫"大音希声",如《老子》十四章所云"听之不闻,名曰希"。

⑬"始",据竹简本改。竹简本在"道"字后原残缺,郭沂《郭店竹简与先秦学术思想》将二十一号残片补入,读为"道始无名"。"道始无名"与下文"善始且善成"相应。"无名,万物之始",即"善始"也;但"道"不仅"无名",而且"有名","有名,万物之母",故"且善成"也。"道始无名",帛书本作"道褒无名"。

⑭"善始且善成",据帛书本改。敦煌本"贷"亦作"始"。于省吾《双剑誃诸子新证》:"按敦煌本'贷'作'始',当从之。'始'从台声,与'贷'声近,且'贷'、'始'并之部字。"

[译文]

上士听了"道",努力去实行;中士听了"道",似懂而非懂;下士听了"道",大声嘲笑之。若不被嘲笑,那就不足以成其为"道"。因此,古人立言有这样的话:

光明的道好像暗昧,前进的道好像后退,平坦的道好像尽是坑洼;

高尚的德好像低下的山谷,最亮的白好像一片黑暗,广大的德好像不足,刚健的德好像怠惰,质地纯真好像污秽变质;

最大的方没有棱角,最大的器物最晚完成,最大的声音不能听到,最大的形象没有形状。

"道"最初是无名的。只有"道",不仅善始而且善成。

四十二章

道生一①，一生二②，二生三③，三生万物④。万物负阴而抱阳⑤，冲气以为和⑥。

人之所恶⑦，唯孤、寡、不穀，而王公以为称⑧。

故物或损之而益，或益之而损。

人之所教，我亦教之⑨。

强梁⑩者不得其死，吾将以为教父⑪。

[注释]

①"道生一"，此"一"指"气"，相当于《易传》所谓"太极"。《易传·系辞上》："易有太极。"虞翻注："太极，太一也。"《易纬·乾凿度》："易始于太极。"郑玄注："气象未分之时，天地之所始也。"帛书本的"道生一"章，接续相当于通行本四十章的"反者道之动，弱者道之用。天下万物生于有，有生于无"。竹简本有四十章文字，而无四十二章文字。"道生一……冲气以为和"可能是对"天下万物生于有，有生于无"的发挥和补充。

②"一生二"，"二"指从阴阳二气分化出天地，相当于《易传》所谓"两仪"。《淮南子·天文训》："气有涯垠，清阳者薄靡而为天，重浊者凝滞而为地。"《易传·系辞上》："是生两仪。"虞翻注："分为天地，故生两仪也。"《易纬·乾凿度》："太极分而为二，故生天地。"郑玄注："轻清者上为天，重浊者下为地。"

③"二生三"，"三"指阴阳二气和合而成的和气。

④"三生万物"，天地之阴阳和气产生万物，《老子》三十二章"天地相合，以降甘露"是其例。

⑤"万物负阴而抱阳"，万物都包含阴阳两个对立面。

⑥"冲"，交冲，激荡。《说文》："冲，涌摇也。""冲气以为和"，阴阳

二气交冲而成和谐状态。

⑦"人之所恶",此句以下文义似与三十九章有联系,而与"道生一……冲气以为和"不相应。

⑧"而王公以为称",指王公以孤、寡、不榖自称。此句帛书本作"而王公以自名也"。

⑨"人之所教,我亦教之",此句傅奕本作"人之所以教我,亦我之所以教人"。

⑩"强梁",强横。

⑪"教父",傅奕本和帛书本作"学父"。河上公注:"父,始也。"

[译文]

"道"产生一(气),一产生二(天地),二产生三(和气),三产生万物。万物都包含阴阳两个对立面,阴阳二气交冲而成和谐状态。

人们所厌恶的,就是"孤"、"寡"、"不榖",而王公却将它们作为自称。

所以,有的事物是从贬损中受益,有的事物是从增益中受损。

别人所教导我的,我也用来教导别人。

强横的人不得好死,我将以此作为施教的根本。

四十三章

天下之至柔,驰骋天下之至坚①。

无有入无间②。

吾是以知无为之有益。

不言之教,无为之益,天下希及之③。

[注释]

① "天下之至柔,驰骋天下之至坚",王弼注:"气无所不入,水无所不经。"

② "无有入无间",无形的东西能够进入没有间隙的东西里面。

③ "希",通"稀",如"希言自然"的"希"。"及之",及其义,即能够领会"不言之教,无为之益"。

[译文]

天下最柔弱的东西,能够来往穿行于天下最坚强的东西。

无形的东西能够进入没有间隙的东西之中。

我由此知道无为的益处。

不言的教化,无为的益处,天下很少有人能够领会。

四十四章

名与身孰亲①?身与货孰多②?得与亡孰病③?

(是故)④甚爱必大费⑤;(多)[厚]藏必(厚)[多]亡⑥。

[故]⑦知足不辱,知止不殆,可以长久。

[注释]

① "名",名声,名誉。"身",身体,生命。

② "多",《说文》:"多,重也。"此处"多"意为贵重,重要。

③ "得与亡",得与失。"病",有害。

④ "是故",据河上公本、帛书本、竹简本删。

⑤ "爱",贪爱。"费",耗费。

⑥ "厚藏必多亡",诸传本作"多藏必厚亡",此据竹简本改,帛书本此句损掩。"藏",敛藏。"亡",损失。

⑦ "故",据景龙碑本、帛书本、竹简本补。

[译文]

名声与身体哪个更亲近?生命与货利哪个更贵重?获得与失去哪个更有害?

过分的贪爱必定付出更大的耗费,丰厚的敛藏必定招致更多的损失。

所以,知道满足就不会遭受困辱,知道适可而止就不会遇到危险,这样才能保持长久。

四十五章

大成①若缺,其用不(弊)[敝]②。

大盈若冲③,其用不穷。

大直若屈,大巧若拙,大辩若讷④。

躁胜寒⑤,静胜热⑥。清静为天下正⑦。

[注释]

① "大成",最圆满的东西。

② "敝",据傅奕本、竹简本改。

③ "冲",空虚。傅奕本、竹简本此字作"盅",《说文》:"盅,器虚也。"

④ "大辩",最有辩才的人。"讷"(nè),口拙。"大直若屈,大巧若拙,大辩若讷",帛书本作"大直如诎,大巧如拙,大赢如绌",竹简本作"大巧若拙,大成若诎,大直若屈"。

竹简本在"大直若屈"句后有分章符号,若此则下文"躁胜寒,静胜热。清静为天下正"当另为一章。竹简本此三句接相当于五十四章的"善建者不拔……",其间无分章符号。

⑤ "躁",通"燥",炉火。朱谦之《老子校释》:"'躁'者燥也,'燥'

乃《老子》书中用楚方言，正指炉火而言。《诗·汝坟》《释文》曰：'楚人名火曰燥……'老子楚人，故用'躁'字。""躁胜寒"，谓炉火战胜寒冷。此句竹简本作"燥胜凔"。《说文》："凔，寒也。"

⑥"静胜热"，清静战胜炎热。

⑦"正"，君长。

[译文]

最圆满的好像缺损，它的作用不会衰败。

最充盈的好像空虚，它的作用不会穷竭。

最正直的好像弯曲，最灵巧的好像笨拙，最有辩才的好像说话迟钝。

炉火可以战胜寒冷，清静可以战胜炎热。清静（无为）可以做天下的君长。

四十六章

天下有道，却走马以粪①。天下无道，戎马生于郊②。
[罪莫大于多欲]③，祸莫大于不知足④，咎莫大于欲得⑤。
故知足之足，常足矣⑥。

[注释]

①"却"，犹如"驱"。"粪"，施肥，治田。

②"戎马"，战马。"戎马生于郊"，谓战事频繁，用母马充当战马，以致马驹生于战地之郊。高亨《老子正诂》："言'戎'正以见其军用之物，言'生'正以见其用牝之实，言'郊'正以见其战祸之烈。"

③"罪莫大于多欲"，据《韩诗外传》卷九所引和河上公本、傅奕本、帛书本补。"多欲"在河上公本、傅奕本、帛书本中作"可欲"，《韩诗外传》所引为"多欲"。此句竹简本作"罪莫厚乎甚欲"。帛书甲本此句前有分章符

号点,竹简本此句上接相当于诸传本六十六章的"江海所以为天下王……故天下莫能与之争"。据此,"天下有道……生于郊"与"罪莫大于多欲……常足矣"本不属一章。

④"祸莫大于不知足",竹简本"于"作"乎",此句在"咎莫憯乎欲得"之后。

⑤"咎莫大于欲得",帛书本、竹简本和《韩非子·解老》所引"莫大"作"莫憯"。"憯"(cǎn),甚也。

⑥"故知足之足,常足矣",竹简本作"知足之为足,此恒足矣"。

[译文]

天下有道,驱赶马去施肥种田。天下无道,马驹生在战火之郊。

罪恶最大的是多欲,祸害最大的是不知足,过错最大的是贪得无厌。

所以,知足才能满足,这是永远的满足。

四十七章

不出户①,知天下②;不窥牖③,见天道④。

其出弥⑤远,其知弥少。

是以圣人不行而知,不见而名⑥,不为而成。

[注释]

①"户",门。此句帛书本作"不出于户"。

②"知天下",帛书本"知"前有"以"字。

③"牖"(yǒu),窗。此句帛书本作"不窥于牖"。

④"见天道",认识自然的规律。帛书本"见"作"知",前有"以"字。这里所谓"知天下"、"见天道",都是内省直觉的认识。《老子》十章:"涤除玄鉴,能无疵乎?"老子认为要保持内省直觉的澄明,须摒除经验知识的遮蔽。

⑤"弥",更加,越。

⑥"名",读为"明"。《韩非子·喻老》引作"不见而明"。

[译文]

不出门,可以知道天下之事;不窥窗,可以认识自然之理。

走出得越远,知道得越少。

所以,圣人不出行就能知道,不亲见就能明了,不去做就能成功。

四十八章

为学①日益,为道②日损。损之又损,以至于无为。
无为而无不为③,[绝学无忧]④。
取天下常以无事⑤,及其有事⑥,不足以取天下。

[注释]

①"为学",对经验知识的学习,此处尤指对政教礼乐的学习。河上公注:"学,谓政教礼乐之学也。"竹简本"学"前脱"为"字。帛书本、竹简本"学"后均有"者"字。

②"为道",对"道"的直觉体认。帛书本作"闻道"。帛书本、竹简本"道"后均有"者"字。

③"无为而无不为","无为"即因顺自然,不妄为,如此则没有什么事情不能做成。

④"绝学无忧",此句原为诸传本的二十章首句,与其后"唯之与阿,相去几何"义不相属,注家多谓此句乃分章之误。竹简本"绝学无忧"上接"无为而无不为",下接"唯与呵,相去几何",今依郭沂《郭店竹简与先秦学术思想》将其归属"学者日益"章。竹简本无此章下文"取天下常以无事,及其有事,不足以取天下"。

⑤"取天下",犹言治天下。"无事",即无为,如二章所云"处无为之事"。

⑥"及",犹"若"。"有事",与无为相反,做违反"自然"的有为之事,如二十九章所云"将欲取天下而为之"。

[译文]

对经验知识的学习,是使知识日渐增多;对"道"的体认,则是使情欲和知识日渐减损。减损又减损,以至于达到无为。

无为则无所不能为,弃绝学习可以无忧。

治理天下要顺其自然,清静无为,若是政令繁苛,造作扰民,则不足以治天下。

四十九章

圣人(无常)[常无]心①,以百姓心为心。

善者,吾善之②;不善者,吾亦善之;德善[矣]③。

信者,吾信之;不信者,吾亦信之;德信[矣]④。

圣人在天下,歙歙[焉]⑤,为天下浑其心⑥。

[百姓皆注其耳目]⑦,圣人皆孩之⑧。

[注释]

① "常无心",诸传本多作"无常心",景龙碑本、敦煌本、顾欢本无"常"字,此据帛书本"恒无心"改。"无心",谓无私心。

② "善之",善待他。

③ "德善","德"读为"得"。傅奕本等作"得善"。"矣",据傅奕本补,帛书本作"也"。

④ "德信",即"得信"。"矣",据傅奕本补,帛书本作"也"。

⑤ "歙歙",收敛,谓不伸张主观意志。王弼注:"圣人之于天下歙歙焉,心无所主也。""焉",据傅奕本、帛书本和王弼注补。

⑥ "浑其心",使人心归于浑朴。

⑦"百姓皆注其耳目",据河上公本、傅奕本、帛书本补。帛书甲本作"百姓皆属耳目焉","属"通"注"。帛书乙本"注"后有"其"字。河上公注:"注,用也。""注其耳目"谓用其耳目聪明,竞相用智。

⑧"孩之","孩"作动词,即使之恢复婴孩般的纯真质朴状态。王弼注:"使和而无欲,如婴儿也。"

[译文]

圣人总是没有私心,他是以百姓的心为自己的心。

善良的人,我善待他;不善良的人,我也善待他;这样就得到善了。

诚信的人,我信任他;不诚信的人,我也信任他;这样就得到信了。

圣人处于世上,收敛自己的主观意志,使天下的人心归于浑朴。

百姓都用其耳目聪明,圣人则要使他们都恢复婴孩般的纯真质朴状态。

五十章

出生入死①。生之徒②,十有三③;死之徒④,十有三;人之生[生]⑤,动之死地⑥,亦十有三。夫何故?以其生生之厚⑦。

盖闻善摄生⑧者,(陆)[陵]行不遇兕虎⑨,入军不被甲兵⑩。兕无所投其角,虎无所措其爪,兵无所容其刃⑪。夫何故?以其无死地⑫。

[注释]

①"出生入死",谓人始于生,卒于死。《韩非子·解老》:"人始于生而

辛于死，始谓之出，卒谓之入，故曰'出生入死'。"

② "徒"，类，属。"生之徒"，属于长命的。

③ "十有三"，占十分之三。

④ "死之徒"，属于短命的。

⑤ "人之生生"，后一"生"字据帛书本"而民生生"、傅奕本"而民生生而动"补。"生生"，谓追求长生。

⑥ "动之死地"，谓自蹈死地，因自己的活动而招致死亡。朱谦之《老子校释》引高延第说："'生之徒'，谓得天厚者，可以久生；'死之徒'，谓得天薄者，中道而夭；'动而之死'者，谓得天本厚，可以久生，而不自保持，自蹈死地。盖天地之大，人物之蕃，生死纷纭，总不出此三者。"

⑦ "生生之厚"，求生太过，厚自奉养。高延第说："'生生之厚'，谓富贵之人厚自奉养，服食药饵，以求长生，适自蹈于死地，此即动而之死者之一端。"

⑧ "摄"，保养，调护。"摄生"，即养生。

⑨ "陵"，据帛书本改。"兕"（sì），犀牛。

⑩ "不被甲兵"，不被兵器所伤害。高亨《老子正诂》："被犹受也，加于身谓之被。不被甲兵言甲兵不加其身也。"

⑪ "容"，用。俞樾《诸子平议》："《释名·释姿容》曰：'容，用也，合事宜之用也。''兵无所容其刃'，言兵无所用刃。"

⑫ "无死地"，没有能致死的地方，亦是将生死置之度外的意思。《老子》七章："以其不自生，故能长生"，"外其身而身存"。十三章："吾所以有大患者，为吾有身，及吾无身，吾有何患？"七十五章："夫唯无以生为者，是贤于贵生。"老子的养生思想不是"贵生"，不是"厚自奉养，服食药饵，以求长生"，而是"无以生为"，即将生死置之度外，以至于"无身"则无患、"无死地"。亦如《庄子·达生》篇所云："圣人藏于天，故莫之能伤也。"

[译文]

人始于生而终于死。寿命长的人，约占十分之三；命限短的人，约占十分之三；那些追求长生而自己招致死亡的人，又占去十分之三。这是什么原因呢？是因为他们求生太过了。

听说善于养生的人,在山地行走遇不见犀牛、老虎,在战场上不会被兵器所伤害。对于这样的人,犀牛用不上它的角,老虎用不上它的爪,兵器也用不上它的刃。为什么呢?因为他没有能致死的地方。

五十一章

道生之,德畜之①,物形之②,势成之③。是以万物莫不尊道而贵德。

道之尊,德之贵,夫莫之命而常自然④。

故道生之,德畜之⑤:长之育之,亭之毒之⑥,养之覆之⑦;生而不有,为而不恃⑧,长而不宰。是谓玄德⑨。

[注释]

① "畜之",蓄养万物。

② "物形之",犹言万物莫不有其形。

③ "势成之",依各种形势而成长、发展。帛书本"势"作"器"。

④ "莫之命而常自然",不对万物加以干涉,顺任万物之自然。傅奕本、帛书本"命"作"爵",若此则可解为:没有谁给道与德封爵,对道与德的尊贵是出于自然。

帛书甲本在"夫莫之爵而恒自然也"后有分章点,无后句"故道生之"的"故"字。若此,则应于此处分章。

⑤ "道生之,德畜之",帛书本无"德"字。

⑥ "亭之毒之",高亨《老子正诂》:"亭当读为成,毒当读为熟,皆音同通用。"河上公本此句作"成之熟之"。

⑦ "覆",掩护,庇护。傅奕本、范应元本此句作"盖之覆之"。

⑧ "为而不恃",有所施为而不自恃有功。河上公注:"道所施为,不恃

望其报也。"

⑨ "玄德",深奥的德。

[译文]

"道"产生万物,"德"蓄养万物,从而万物莫不有其形,依各种形势而成长、发展。因此,万物没有不尊崇"道"而珍贵"德"的。

"道"之受尊崇,"德"之被珍贵,在于不对万物加以干涉,顺任万物之自然。

所以,"道"产生万物,"德"蓄养万物:使万物生长发育,成长成熟,养育和庇护它们;产生万物而不据为己有,养育万物而不自恃有功,使万物成长而不为其主宰。这就是"玄德"。

五十二章

天下有始①,以为天下母②。既得其母,以知其子③;既知其子,复守其母,没身不殆④。

塞其兑⑤,闭其门⑥,终身不勤⑦。开其兑,济其事⑧,终身不救⑨。

见小曰明⑩,守柔曰强。用其光,复归其明⑪,无遗身殃。是为(习)[袭]常⑫。

[注释]

① "天下有始",天下万物有其本始。《老子》一章:"无名,万物之始。"

② "母",指"道"。《老子》一章:"有名,万物之母。"

③ "子",指万物。

④ "没身不殆",终身没有危险。帛书甲本在"没身不殆"后有分章点。

⑤ "兑",孔窍,指人的感官。《易传·说卦》:"兑为口。"

⑥ "门",与"兑"互文同指。王弼注:"兑,事欲之所由生;门,事欲之所由从也。"或谓"门"指精神之门,奚侗《老子集解》:"'门'谓精神之门,塞兑闭门,使民无知无欲,可以不劳而理。"

⑦ "勤",劳苦。竹简本此字作"侮"。

⑧ "济其事",增益其事。《尔雅·释言》:"济,益也。"竹简本"济"作"塞"。

⑨ "救",此处与"勤"相对,意为止息,安宁。《说文》:"救,止也。"帛书本"救"作"棘",竹简本作"来"。

竹简本与此章相对应的文字是:"闭其门,塞其兑,终身不侮;启其兑,塞其事,终身不来。"此章的前段和后段文字不见于竹简本。

⑩ "见小曰明","小"如三十二章"朴虽小,天下莫能臣"的"小",指"道"的精微。十六章:"知常曰明","见小"犹如"知常"。

⑪ "用其光,复归其明",运用智慧之光,复归于对"道"的体认,如前所言"既知其子,复守其母"。

⑫ "袭",据傅奕本、帛书本改。高亨《老子正诂》:"习、袭古通用。""袭常",即因顺常道,犹如二十七章所谓"袭明"。

[译文]

天下万物都有本始,它就是作为万物之母的"道"。既已得到对"道"的体认,就可以认识万物;既已认识万物,还要复守对"道"的体认,这样就终身没有危险。

塞住感官之窍,闭上嗜欲之门,终身没有劳苦;开启感官之窍,增益世事之繁,终身不得安宁。

能察见精微叫做"明",能持守柔弱叫做"强"。运用智慧之光,复归于对"道"的体认,就不会给自己带来灾害。这就是因顺常道。

五十二章

五十三章

使我介然有知①,行于大道,唯施②是畏。

大道甚夷③,而民④好径⑤。朝甚除⑥,田甚芜,仓甚虚⑦;服文采,带利剑,厌饮食,财货有余;是谓盗夸⑧。[盗夸]⑨,非道也哉!

[注释]

① "介然有知",确切地有知。劳健《老子古本考》:"《荀子·修身》篇:'善在身,介然必以自好也。'杨倞注:'介然,坚固貌。'此亦当如杨解,谓知之确,信之坚,故无惑于便巧虚张,而归就平实,行于大道也。" ②"施",读为"迆"(yǐ),斜也。王念孙《读书杂志》:"施读为迆。迆,邪也。言行于大道之中,唯惧其入于邪道也。""邪"与"斜"古通用。

③ "夷",平坦。

④ "民",通"人",景龙碑本作"人"。

⑤ "径",邪路。河上公注:"径,邪不正也。"

⑥ "朝甚除",宫殿修饰得很华丽。河上公注:"高台榭,宫室修。"王弼注:"朝,宫室也。除,洁好也。"

⑦ "田甚芜,仓甚虚",河上公注:"农事废,不耕治。五谷伤害,国无储也。"王弼注:"朝甚除,则田甚芜,仓甚虚。"

⑧ "盗夸",强盗的奢侈。王弼注:"夸而不以其道得之,盗夸也。"楼宇烈《王弼集校释》:"'夸',《说文》:'奢也。'《荀子·仲尼》篇'贵而不为夸',杨倞注:'夸,奢侈也'……'夸而不以其道得之',意谓其奢侈生活是以不正当手段(盗)得来的。"诸传本均作"盗夸",帛书甲本此处损掩,乙本"盗"字下仅存右部"木"旁。《韩非子·解老》作"盗竽",解为:"竽也者,五声之长者也。故竽先则钟瑟皆随,竽唱则诸乐皆和。今大奸作,

则俗之民唱。俗之民唱，则小盗必和。故服文采，带利剑，厌饮食，而资货有余者，是之谓盗竽矣。"高亨《老子正诂》："夸、竽同声系，古通用。据韩说，盗竽犹今言盗魁也。"今译文从前一说。

⑨"盗夸"，据傅奕本补。朱谦之《老子校释》引严可均说："王弼'盗夸'下复有'盗夸'二字，《释文》引河上本同。"帛书乙本从其残留的空白看，也应有此二字。

[译文]

假使我确切有知，行走在大道上，所怕的就是误入邪路。

大道很平坦，而人们却喜欢走邪路。宫殿修饰得很华丽，以致农事荒废，仓廪空虚；穿着锦绣的衣服，带着锋利的宝剑，饱食终日，厚敛钱财，这可以说是强盗的奢侈。强盗的奢侈，违反大道啊！

五十四章

善建者不拔①，善抱者不脱②，子孙以祭祀不辍③。

修之于身④，其德乃真；修之于家，其德乃余⑤；修之于乡，其德乃长⑥；修之于国，其德乃丰；修之于天下，其德乃普⑦。

故以身观身⑧，以家观家，以乡观乡，以国观国，以天下观天下。吾何以知天下然哉？以此。

[注释]

①"善建者不拔"，谓善于建立德业者，其所建立的德业不能拔除。河上公注："善以道立身立国者，不可得引而拔之。"《文子·上仁》："夫以建而制于人者，不能持国，故'善建者不拔'，言建之无形也。"

②"善抱者不脱"，谓善于保持德业者，其所保持的德业不会脱离。竹简本"抱"作"保"。

③"子孙以祭祀不辍",谓按照"善建"、"善抱"的道理行事,可以永享子孙的祭祀而不绝。"辍",停止。帛书本"辍"作"绝"。竹简本"以"字后有"其"字。

④"修之于身",谓以"道"修身,即以无为、自然的原则修身。"修之于"及后面的三个"修之于",帛书本和竹简本无"于"字。

⑤"乃余",帛书本和竹简本作"有余"。

⑥"长",增长。

⑦"普",普遍,周全。傅奕本"普"作"溥",帛书乙本作"博",帛书甲本与竹简本此处残缺。

⑧"以身观身",从自身的角度观照自身。此处的"观"亦是直观、直觉。"以身观身"等,有因顺自身以及家、乡、国、天下之自然的意思。另如蒋锡昌《老子校诂》所解:"以身观身,言以修道之身观不修道之身,孰得孰失,孰存孰亡也。下四句文谊,以此类推。"帛书本"以身观身"前无"故"字,竹简本无"故以身观身"句。

[译文]

善于建立德业的,其德业不能拔除;善于保持德业的,其德业不会离失;如此则可以永享子孙的祭祀而不绝。

以"道"修身,他的"德"才纯真;以"道"治家,他的"德"才有余;以"道"治乡,他的"德"才增长;以"道"治国,他的"德"才丰满;以"道"治天下,他的"德"才周全。

所以,要从自身的角度观照自身,从全家的角度观照家,从全乡的角度观照乡,从全国的角度观照国,从全天下的角度观照天下。我是怎么知道天下的情况呢?就是用这样的方法。

五十五章

含德之厚[者]①,比于赤子②。蜂虿虺蛇不螫③,(猛兽不据,）攫鸟［猛兽］不搏④。骨弱筋柔而握固⑤，未知牝牡之合而（全）［朘］作⑥，精之至也。终日号而不嗄⑦，和之至也。

（知)⑧和曰常，知常曰明。益生曰祥⑨，心使气曰强⑩。物壮则老，谓之不道，不道早已⑪。

［注释］

① "者"，据傅奕本、帛书本、竹简本补。

② "赤子"，初生的婴儿。

③ "虿"（chài），蝎子一类的毒虫。虺（huǐ），毒蛇。

④ "攫鸟猛兽不搏"，据帛书甲本改，乙本"搏"作"捕"，竹简本作"扣"。"攫鸟"，鸷鸟，鹰、隼等猛禽。

⑤ "握固"，攥紧拳头。

⑥ "朘"，据傅奕本、帛书本改。"朘"（zuī），男孩的生殖器。"作"，帛书本和竹简本作"怒"。

⑦ "嗄"（shà），哑。

⑧ "知"，据帛书本、竹简本删。

⑨ "益生"，贪生而厚自奉养，即五十章所云"生生之厚"。"祥"，此处意为妖祥、灾异。易顺鼎《读老札记》："按'祥'即不祥。《书序》云：'有祥桑谷共生于朝'，与此'祥'字同义。"奚侗《老子集解》："'祥'当训眚，《易》：'复有灾眚。'子夏《传》：'妖祥曰眚。'是祥有眚谊。灾眚连语，眚亦灾也。《庄子·德充符》篇：'常因自然而不益生。'盖以生不可益，益之则反乎自然而灾害至矣。"

⑩ "心使气"，以欲念驱使体内的气。"强"，逞强。

⑪ "物壮则老，谓之不道，不道早已"，这三句已见于三十章。竹简本与本章相对应的文字无"不道早已"。

［译文］

含"德"丰厚的人，如同初生的婴儿。蜂、蝎、毒蛇不蜇咬他，鸷鸟、猛兽不扑打他。筋骨柔弱而拳头却攥得很紧，未知男女交合而小生殖器却时常勃起,这是精气充沛的缘故。整天号哭而嗓子不哑,这是和气淳厚的缘故。

气之和谐叫做"常",知道了"常"叫做"明"。贪生而厚自奉养就会有灾殃,以欲念驱使体内的气就是逞强。凡物强壮了就会衰老,这不符合"道",不符合"道"就会早亡。

五十六章

知者不言①,言者不知②。

塞其兑,闭其门③,挫其锐④,解其(分)[纷]⑤,和其光,同其尘⑥,是谓"玄同"⑦。

故不可得而亲,[亦]不可得而疏⑧;不可得而利,[亦]不可得而害;不可得而贵,[亦]不可得而贱。故为天下贵。

[注释]

①"知者不言",谓知"道"者不言。竹简本此句作"知之者弗言"。《老子》一章:"道可道,非常道。"恒常之"道"是不可言说的,故知"道"者不言。

②"言者不知",谓言"道"者不真知"道"。竹简本此句作"言之者弗知"。

尽管"知者不言,言者不知",但若是真的"不言",就不会有《老子》书。故白居易有《读老子》诗云:"言者不知知者默,此语吾闻于老君。若道老君是知者,缘何自著五千文?"

又,《庄子·知北游》对"知者不言,言者不知"有寓言性的说解:"知北游于玄水之上,登隐弅之丘,而适遭无为谓焉。知谓无为谓曰:'予欲有问乎若:何思何虑则知道?何处何服则安道?何从何道则得道?'三问而无为谓不答也。非不答,不知答也。知不得问,反于白水之南,登狐阕之上,而睹狂屈焉。

知以之言也问乎狂屈。狂屈曰：'唉！予知之，将语若。'中欲言而忘其所欲言。知不得问，反于帝宫，见黄帝而问焉。黄帝曰：'无思无虑始知道，无处无服始安道，无从无道始得道。'知问黄帝曰：'我与若知之，彼与彼不知也，其孰是邪？'黄帝曰：'彼无为谓真是也，狂屈似之，我与汝终不近也。夫知者不言，言者不知，故圣人行不言之教……'""无始曰：'道不可闻，闻而非也；道不可见，见而非也；道不可言，言而非也！知形形之不形乎！道不当名。'"

老子和庄子把"言"与"知"的矛盾绝对化了。实际上，"言"并不完全与"知"相矛盾。如果真的"知者不言，言者不知"，老子和庄子又何必著书为之"言"呢？后期墨家曾批评"以言为尽悖"，指出这句话本身也是"悖"，因为说这句话的人本身已经"言"了。(《墨子·经上》："以言为尽悖，悖。说在其言。")

③"塞其兑，闭其门"，已见于五十二章。竹简本此两句作"闭其兑，塞其门"，"闭"与"塞"误倒。在竹简本与五十二章相对应的文字中复出"闭其门，塞其兑"。

④"挫其锐"，折损、去掉锋芒。

⑤"纷"，据傅奕本、帛书本、竹简本改。"解其纷"，解除纠纷。

⑥"和其光，同其尘"，调和智慧之光，混同世事之尘。帛书本、竹简本此两句在"挫其锐，解其纷"之前。

⑦"玄同"，玄奥的同一，即与"道"同一。

⑧"亦"，以及后面的两个"亦"字，据河上公本、傅奕本、帛书本、竹简本补。"不可得而亲，亦不可得而疏"，谓"玄同"之人超越了亲疏（以及利害、贵贱）等区别，既不能亲近他，也不能疏远他。

[译文]

体认了"道"的人不说"道"，说"道"的人没有真的体认"道"。

塞住感官之窍，闭上嗜欲之门，把锋芒去掉，让纠纷化解，调和智慧的光芒，混同世事的尘埃，这就叫做"玄同"。

所以，达到"玄同"境界的人，你不能亲近他，也不能疏远他；不能让他得利，也不能让他受害；不能使他高贵，也不能使他低贱。正因为这样，他才是天下最尊贵的。

五十七章

以正①治国，以奇用兵②，以无事取天下③。吾何以知其然哉？以此④：

天下多忌讳⑤，而民弥贫⑥；民多利器⑦，国家滋⑧昏；人多伎巧⑨，奇物滋起⑩；法（令）[物]滋彰⑪，盗贼多有。

故圣人云⑫："我无为而民自化，我好静而民自正，我无事而民自富⑬，我无欲⑭而民自朴。"

[注释]

①"正"，正道，此处指清静无为之道。

②"奇"，奇诡，变化无常，出人意料。"以奇用兵"则可出奇制胜。

③"以无事取天下"，即四十八章所云"取天下常以无事"。"无事"即清静无为，顺其自然。

④"以此"，高亨《老子正诂》："此指下文所云也。"帛书本和竹简本无"以此"二字，在下文"天下多忌讳"前有发语词"夫"字，竹简本脱"下"字。

⑤"忌讳"，禁忌，限制。

⑥"弥贫"，竹简本"贫"作"叛"。作"叛"似意长，但此句与下文"我无事而民自富"相对而言，作"贫"亦通。

⑦"利器"，河上公注："利器者权也。"此指权柄、权谋。《老子》三十六章："国之利器不可以示人。""民多利器"是"国之利器"已多示于人。

⑧"滋"，意同于"弥"，更加。

⑨"人多伎巧"，傅奕本作"人多智慧"，帛书本和竹简本作"人多知"。

⑩"奇物"，邪怪的事物。王弼注："巧伪生，则邪事起。"

⑪"法物"，据河上公本、帛书本和竹简本改。河上公注："法物，好物

也。珍好之物滋生彰著,则农事废,饥寒并至,故盗贼多有也。"《老子》三章:"不贵难得之货,使民不为盗。"十九章:"绝巧弃利,盗贼无有。"

⑫"故圣人云",帛书本、竹简本作"是以圣人之言曰"。

⑬"我无事而民自富",与前言"天下多忌讳,而民弥贫"相反。竹简本此句在"我无为而民自化"之前。

⑭"无欲",没有贪欲。若"我无欲"则天下少"利器"、"伎巧"、"法物"。帛书本和竹简本"无欲"作"欲不欲",意为以不欲为欲。《老子》六十四章:"是以圣人欲不欲,不贵难得之货。"

[译文]

以正道治国,以奇术用兵,以清静无为治理天下。我何以知道是这样的呢?是因为:

天下的禁忌愈多,人民就愈贫穷;人民知道的权谋愈多,国家就愈昏乱;人们的智巧愈多,邪怪的事就愈会发生;珍巧的器物愈彰显,盗贼就愈多。

所以圣人说:"我无为,人民就自然顺化;我好静,人民就自然归正;我无事,人民就自然富裕;我无欲,人民就自然淳朴。"

五十八章

其政闷闷①,其民淳淳②;其政察察③,其民缺缺④。

祸兮福之所倚,福兮祸之所伏。孰知其极⑤?其无正[也]⑥。正复为奇,善复为妖⑦。人之迷,其日固久。

是以圣人方而不割⑧,廉而不刿⑨,直而不肆⑩,光而不耀⑪。

[注释]

①"闷闷",无所察别,此处指政治宽松。

②"淳淳",淳朴,淳厚。

③"察察",苛察,严苛。

④"缺缺",缺德,狡诈。《说文》:"缺,器破也。"此处"缺"指淳朴之德的残破。又,高亨《老子正诂》:"缺疑借为狯,《说文》:'狯,狡狯也。'狯狯,诈也。"

⑤"极",尽头,究竟。

⑥"无正",没有定准。"也"字据帛书本补。

⑦"妖",妖孽,怪异。

⑧"方而不割",方正而没有伤人的棱角。

⑨"廉",棱,锐利。"刿"(guì),刺伤,划伤。帛书本"刿"作"刺"。《老子》四十一章云:"大方无隅。"此处可云:"大廉不刿。"《荀子·不苟》篇:"君子宽而不僈,廉而不刿。"杨倞注:"廉,棱也。《说文》云:'刿,利伤也。'但有廉隅,不至于刃伤也。"

⑩"直而不肆",正直而不放肆。河上公注:"肆,申也。圣人虽直,曲己从人,不自申之也。"

⑪"光而不耀",光明而不耀眼。河上公注:"圣人虽有独知之明,常如暗昧,不以耀乱人也。"

[译文]

凡政治宽松的地方,那里的人民就淳朴;凡政治严苛的地方,那里的人民就狡诈。

灾祸啊,幸福就倚靠在它旁边;幸福啊,灾祸就潜伏在它里面。谁知道它们的究竟?这是没有定准的。正常可以变成奇特,善良可以变成怪异。人们的疑惑,已经由来很久了。

所以,圣人方正而不割人,锐利而不伤人,正直而不放肆,光明而不耀眼。

五十九章

治人事天①,莫若啬②。

夫唯啬，是（谓）[以]早服③；早服谓之重积德④；重积德则无不克；无不克则莫知其极⑤；莫知其极，可以有国；有国之母⑥，可以长久。是谓深根固柢⑦，长生久视⑧之道。

[注释]

① "事天"，事养天性，此处指治身。奚侗《老子集解》："啬以治人，则民不劳；啬以治身，则精不亏。"

② "啬"，爱惜，保养。《韩非子·解老》："啬之者，爱其精神，啬其智识也。"河上公注："治国者当爱惜民财，不为奢泰；治身者当爱惜精气，不为放逸。"高亨《老子正诂》："此啬字谓收藏其神形而不用，以归于无为也。"

③ "以"，据帛书本和竹简本改。"早服"，读为"早复"，谓早归于道。河上公注解"服"为"得"，"早服"即"先得天道也"。

④ "重积德"，厚积德。

⑤ "莫知其极"，不知其力量的极限。

⑥ "国之母"，国之根本，指道。

⑦ "深根固柢"，如今所言"根深蒂（柢）固"。《韩非子·解老》："树木有曼根，有直根。[直]根者，书之所谓柢也。柢也者，木之所以建生也；曼根者，木之所以持生也。"

⑧ "久视"，犹言久活。后来道教即由《老子》书中的"长生久视"、"载营魄抱一"等思想而追求形神不离，长生不死，"肉体成仙"。

[译文]

治理人民，保养身心，没有比爱惜自己的精力更重要的了。

只有爱惜自己的精力，才能及早归于"道"；及早归于"道"，就叫厚积于"德"；厚积于"德"，则无往而不胜；无往而不胜，则其力量不可穷极；力量不可穷极，就可以治理国家；有了治国的根本，就可以长治久安。这就是根深柢固，长生久视的道理。

六十章

治大国，若烹小鲜①。

以道莅天下②，其鬼不神③；非其鬼不神，其神不伤人④；非⑤其神不伤人，圣人亦不伤人。夫两不相伤⑥，故德交归焉⑦。

[注释]

① "小鲜"，小鱼。《诗经·匪风》："谁能亨（烹）鱼，溉之釜鬵。"毛传："亨（烹）鱼烦则碎，治民烦则散，知亨（烹）鱼则知治民矣。"蒋锡昌《老子校诂》："夫烹小鱼者，不可扰，扰之则鱼碎；治大国者，当无为，为之则民伤。故云'治大国，若烹小鲜'也。"

② "莅"，临也，参三十一章注⑧。"莅天下"犹言治天下。

③ "其鬼不神"，鬼不起作用。《墨子·公孟》篇批评"儒以天为不明，以鬼为不神"，"不神"即不神奇、不灵验。虽有鬼神之名，而无鬼神之实。

④ "非其鬼不神，其神不伤人"，不是鬼不起作用，而是其作用不伤人，或者说，即使鬼起作用，它的作用也不伤人。

⑤ "非"，不仅。高亨《老子正诂》："非者，盖不唯二字之合音。"

⑥ "两不相伤"，谓鬼神与人、圣人与民两不相伤。《韩非子·解老》："上不与民相害，而人不与鬼相伤，故曰'两不相伤'。"高亨《老子正诂》："鬼神不祟人，人不驱鬼神，圣人不病民，民不害圣人，是为两不相伤。"

⑦ "德交归焉"，谓鬼神与圣人之德交相归于民。《韩非子·解老》："言其德上下交盛而俱归于民也。"

[译文]

治理大国，要像烹小鱼儿。

以"道"治理天下，鬼神起不了作用；不是鬼神不起作用，而是其作用不伤人；不仅鬼神不伤人，圣人也不伤人。鬼神与人、圣人与民互不伤害,所以鬼神与圣人的"德"交相归于人民。

六十一章

大国者下流①,天下之交,天下之牝②。牝常以静胜牡③,以静为下④。

故大国以下小国⑤,则取小国⑥;小国以下大国,则取〔于〕大国⑦。故或下以取,或下而取⑧。

大国不过欲兼畜人⑨,小国不过欲入事人⑩。夫两者各得其所欲,〔则〕大者宜为下⑪。

[注释]

① "大国者下流",谓大国如同处于川谷的下流。王弼注:"江海居大而处下,则百川流之;大国居大而处下,则天下(流)〔归〕之。"《老子》六十六章:"江海之所以能为百谷王者,以其善下之,故能为百谷王。"

② "天下之交,天下之牝",谓大国是天下所归往,处于天下之雌性的位置。帛书本"天下之牝也"在"天下之交也"前。

③ "牝常以静胜牡",雌性常以柔静胜过雄性。《老子》三十六章:"柔弱胜刚强。"

④ "以静为下",帛书本作"为其静也,故宜为下也"。

⑤ "大国以下小国",谓大国以谦下的态度对待小国。

⑥ "取小国",王弼注:"小国则附之。"

⑦ "于",据傅奕本、帛书本补。"取于大国",王弼注:"大国纳之也。"

⑧ "或下以取,或下而取",即大国以谦下而使小国依附,小国以谦下而使大国接纳。

⑨ "兼畜人",集结、护养小国。

⑩ "入事人",依附、侍奉大国。高亨《老子正诂》:"子男附庸之邦,

但求能事大国，不被吞并而已。"

⑪"则"，据帛书本和王弼注补。王弼注："小国修下，自全而已，不能令天下归之。大国修下，则天下归之。故曰'各得其所欲，则大者宜为下'也。"

[译文]

大国如同处于川谷的下流，是天下所归往，处于天下之雌性的位置。雌性常以柔静胜过雄性，这就是以柔静为下。

所以，大国以谦下的态度对待小国，就可使小国依附；小国以谦下的态度对待大国，就可使大国接纳。因此，或是以谦下而使人依附，或是以谦下而使人接纳。

大国不过是想集结、护养小国，小国不过是想依附、侍奉大国。这两者能够各得其所欲，大国就更应该保持谦下。

六十二章

道者万物之奥①，善人之宝，不善人之所保②。

美言可以市尊，［美］行可以加人③。人之不善，何弃之有④？

故立天子，置三公⑤，虽有拱璧以先驷马⑥，不如坐进此道⑦。

古之所以贵此道者何？不曰［求］以（求）得⑧，有罪以免⑨邪？故为天下贵。

[注释]

①"奥"，宗主，根本。《礼记·礼运》篇："故人以为奥也。"郑玄注："奥，犹主也。"帛书本"奥"作"注"，读为"主"。

②"不善人之所保",不善人所赖以被保护的。

③"美言可以市尊,美行可以加人",诸传本和帛书本作"美言可以市,尊行可以加人",此据《淮南子·道应训》和《人间训》所引改。张松如《老子校读》:"今众本皆夺去'美行'之'美'字,盖自帛书已然。……劳健曰:'二句以尊、人为韵,必当如《淮南》无疑。'甚是。""市尊",取得别人的尊敬。"加人",见重于人。

④"人之不善,何弃之有",谓如果人做了不善的事,怎么就可以抛弃他呢? 高亨《老子正诂》:"二十七章曰:'圣人常善救人,故无弃人;常善救物,故无弃物。'可作此句之义疏。"

⑤"三公",太师、太傅、太保。

⑥"拱璧",大璧。"驷马",驾四匹马的车乘。"拱璧以先驷马",指隆重的奉献仪式。蒋锡昌《老子校诂》:"古之献物,轻物在先,重物在后。'拱璧以先驷马',谓以拱璧为驷马之先也。"

⑦"坐进此道",静坐而进献此道。帛书本作"坐而进此"。

⑧"求以得",据傅奕本、景龙碑本和帛书乙本改。"求以得"即有求就得到。

⑨"有罪以免",有了罪可被赦免。此所以"道"为"不善人之所保"。

[译文]

"道"是万物的宗主,善人的法宝,不善人的保护。

美好的言辞可以取得别人的尊敬,美善的行为可以见重于人。如果人做了不善的事,怎么就可以抛弃他呢?

所以,设立天子,建置三公,虽然有玉璧在先、驷马在后的隆重仪式,还不如静坐而进献此"道"。

古人之所以珍贵这个"道",原因何在呢? 不就是有求即可得到、有罪可被赦免吗?"道"因此而被天下人所珍贵。

六十三章

为无为,事无事①,味无味②。

大小多少③,报怨以德④。

图难于其易⑤,为大于其细⑥。天下难事,必作于易;天下大事,必作于细。是以圣人终不为大,故能成其大⑦。

夫轻诺⑧必寡信,多易⑨必多难。是以圣人犹⑩难之,故终无难矣。

[注释]

① "为无为,事无事",为于无为,事于无事,或者说,把无为当作为,把无事当做事。王弼注:"以无为为居,以不言为教。"

② "味无味",把无味当做味。王弼注:"以恬淡为味。"

③ "大小多少",姚鼐、马叙伦、奚侗、蒋锡昌等认为"'大小多少'句下有脱文,不可强解"。

高亨《老子正诂》解之为:"'大小'者,大其小也,小而以为大也。'多少'者,多其少也,少而以为多也。"张松如《老子校读》引高说,谓:"推而言之,则'报怨以德'者,德其怨也,怨而以为德也。凡此皆取其相反相成之义,亦正合'为无为,事无事,味无味'之旨也。"今译文姑从之。

竹简本在"为无为,事无事,味无味"后接:"大小之多易必多难。是以圣人犹难之,故终无难。"无此章中的"大小多少,报怨以德……夫轻诺必寡信"。郭沂《郭店竹简与先秦学术思想》谓竹简本的"之"与"多易"误倒,应作"大小多易之,必多难"。

④ "报怨以德",以德行回报怨恨。《论语·宪问》载:"或曰:'以德报怨,何如?'子曰:'何以报德?以直报怨,以德报德。'"马叙伦、严灵峰等认为"报怨以德"是七十九章的错简误入。

⑤ "图难于其易",图谋解决困难要从其容易处入手。

⑥ "为大于其细",做大事要从其细微处入手。

⑦ "是以圣人终不为大,故能成其大",已见于三十四章。

⑧ "轻诺",轻易允诺。

⑨ "多易",经常把事情看得容易。

⑩ "犹",尚且。

[译文]

作为于无为,从事于无事,品味于无味。

大其小,多其少,以德行回报怨恨。

图谋解决困难要从其容易处入手,做大事要从其细微处入手。天下的难事,一定从易处做起;天下的大事,一定从小处做起。所以,圣人始终不做大事,因而能成就大事。

轻易作出允诺,必然缺少信用;经常把事情看得容易,必然会遇到很多困难。所以,圣人尚且把事情看得难一些,因而他终究没有难事了。

六十四章

其安易持①,其未兆②易谋,其脆易泮③,其微易散。为之于未有,治之于未乱。

合抱之木,生于毫末④;九层之台,起于累土⑤;千里之行,始于足下⑥。

为者败之,执者失之⑦。是以圣人无为,故无败;无执,故无失。

民之从事,常于几成而败之⑧。慎终如始,则无败事⑨。

是以圣人欲不欲⑩,不贵难得之货⑪;学不学⑫,复众人之所过⑬。以辅万物之自然⑭,而不敢为⑮。

[注释]

① "其安易持",事物尚安稳时容易保持。帛书甲本和竹简本此句作"其安也,易持也"。此句以下三句,帛书甲、乙本均损掩,竹简本作"其未兆也,易谋也;其脆也,易判也;其几也,易散也"。

②"兆",征兆,变化的苗头。"兆"与"几"义近,《易传·系辞下》:"几者,动之微,吉凶之先见者也。"

③"泮"(pàn),分解,与"判"相通。傅奕本、竹简本"泮"作"判",《说文》:"判,分也。"河上公本、景龙碑本此字作"破"。

④"毫末",细小的萌芽。

⑤"累土",高亨《老子正诂》:"累当读为蔂,土笼也。""蔂"(léi),盛土的筐。帛书甲本此字作"㒸",乙本作"蔂",竹简本残缺。

⑥"千里之行",帛书甲本作"百仁(仞)之高",乙本作"百千之高",竹简本残缺。竹简本甲组在"足下"后有句读符号,下接相当于通行本五十六章的"知之者弗言……"

⑦"为者败之,执者失之",已见于二十九章。帛书甲本此两句损掩,乙本作"为之者败之,执者失之","执"后漏抄"之"字。

竹简本甲组和丙组另有相当于本章后段的文字,且甲组与丙组有异文。"为者败之,执者失之",甲组作"为之者败之,执之者远之",丙组作"为之者败之,执之者失之"。

⑧"民之从事,常于几成而败之",帛书本"几"作"其",两字可通。"几成"即接近成功。竹简本甲组无此两句,而多出"临事之纪"四字;丙组作"人之败也,恒于其且成也败之",此两句在"慎终若始,则无败事矣"之后。

⑨"慎终如始,则无败事",帛书甲本"慎"前有"故"字,乙本作"故曰"。此两句竹简本甲组作"慎终如始,此无败事矣",丙组作"慎终若始,则无败事矣"。

⑩"是以圣人欲不欲",竹简本甲组无"是以"。"欲不欲",句式同于"为无为,事无事,味无味",即欲望于不欲,或者说,以不欲为欲。

⑪"不贵难得之货",已见《老子》三章。

⑫"学不学",竹简本甲组作"教不教"。高亨《老子正诂》:"欲不欲者,以不欲为欲也;学不学者,以不学为学也。"

⑬"复众人之所过",竹简本甲组和丙组无"人"字。"复",复补,纠正。朱谦之《老子校释》:"复也者犹复补也。《庄子·德充符》篇:'夫无趾,

兀者也，犹务学以复补前行之恶。'此复之本义。"

⑭ "以辅万物之自然"，帛书本"以辅"作"能辅"，竹简本甲组作"是故圣人能辅"，丙组作"是以能辅"。

⑮ "而不敢为"，竹简本甲组作"而弗能为"，丙组和帛书本作"而弗敢为"。

[译文]

事物尚安稳时容易保持，事物尚未露出变化的苗头时容易谋划，事物脆弱时容易分解，事物微小时容易消散。做事情要做于尚未发生变化时，治理国家要治于尚未出现祸乱时。

合抱的大树，是从细小的萌芽长起来的；九层的高台，是用一筐一筐的泥土筑起来的；千里的远行，是从脚下一步一步走出来的。

强力而为的，必然失败；加以把持的，必然丧失。因此，圣人无为，所以不会失败；不加把持，所以不会丧失。

人们做事情，常在快要成功的时候失败。如果在最后仍像在开始的时候那样保持谨慎，就不会有失败的事了。

所以，圣人以无欲为欲，不珍贵那些稀有的财货；以不学为学，纠正众人所犯的过错。这样，圣人就能辅助万物的自然发展，而不敢强力去做。

六十五章

古之善为道者①，非以明民②，将以愚之③。

民之难治，以其智多。故以智治国，国之贼；不以智治国④，国之福⑤。知此两者亦稽式⑥。常知稽式，是谓玄德。玄德深矣，远矣，与物反矣⑦，（然后）⑧乃至大顺⑨。

[注释]

① "善为道者",指善于以"道"治国的人。

② "明民",使民聪明,多智巧诈。王弼注:"明,谓多智巧诈,蔽其朴也。"

③ "愚之",使民愚朴,无知守真。王弼注:"愚,谓无知守真,顺自然也。"《老子》三章:"是以圣人之治,虚其心,实其腹;弱其志,强其骨;常使民无知无欲,使夫智者不敢为也。"

④ "不以智",帛书本作"以不智"。"治国",帛书甲本作"知邦",乙本作"知国"。"知",主也。"知国"即治国。

⑤ "福",帛书本作"德"。

⑥ "稽式",法式,法则。

⑦ "与物反矣",王弼注:"反其真也。"《老子》十六章:"万物并作,吾以观复。夫物芸芸,各复归其根。归根曰静,是谓复命。"

⑧ "然后",据河上公本、帛书本删。王引之《经传释词》:"乃,犹然后也。""然后乃",语赘重复。

⑨ "大顺",谓大顺于自然。

[译文]

古时善于以"道"治国的人,不是使民聪智,而是使民愚朴。

人民之所以难治,是因为他们智巧太多。所以,以智巧治国,是国家的灾祸;不以智巧治国,是国家的福德。知道了这两条,也就知道了治国的法则。对此法则念念不忘,就叫做"玄德"。"玄德"深啊远啊,与万物同返于本原,乃至大顺于自然。

六十六章

江海所以能为百谷王者①,以其善下之②,故能为百谷王。是以[圣人]③欲上民,必以言下之;欲先民,必以身后之④。是以圣人处上而民不重⑤，处前而民不害⑥。是以天下乐推⑦而不厌。以其不争，故天下莫能与之争。

[注释]

① "百谷"，百川，众多的河流。《说文》："谷，泉出通川为谷。""王"，归往，天下所归往谓之王。《说文》："王，天下所归往也。"

② "善下之"，善于处在低下的位置。竹简本"善下之"作"能为百谷下"。

③ "圣人"，据河上公本、傅奕本、景龙碑本、帛书本和竹简本补。

④ "是以圣人欲上民，必以言下之；欲先民，必以身后之"，竹简本无"是以"，作"圣人之在民前也，以身后之；其在民上也，以言下之"。

⑤ "重"，犹"累"，沉重的负担。高亨《老子正诂》："民戴其君，若有重负以为大累，即此文所谓重。故重犹累也。而民不重，言民不以为累也。"竹简本"重"作"厚"，亦重负之义。

⑥ "民不害"，民不以为有妨碍。

⑦ "乐推"，乐意拥戴。

[译文]

江海之所以能成为百川所归往，是因为它善于处在低下的位置，故能成为百谷之王。

因此，圣人要想在上居于治理人民的位置，就必须在言辞中表示谦下；要想在先居于引领人民的位置，就必须在行动中先人后己。所以，圣人虽然居于上位，但人民不感到是负担；虽然处在前面，但人民不感到有妨碍。正因为如此，天下人才乐于拥戴而不厌弃他。因为他与世无争，所以天下没有人能和他争。

六十七章①

天下皆谓我（道）②大，似不肖③。夫唯大，故似不肖④。若肖，久矣其细⑤也夫！

我有三宝，持而保之⑥：一曰慈，二曰俭，三曰不敢为天下先。慈，故能勇⑦；俭，故能广⑧；不敢为天下先，故能［为］成器长⑨。

今⑩舍慈且勇，舍俭且广，舍后且⑪先，死矣⑫！

夫慈，以战则胜，以守则固。天将救之⑬，以慈卫之⑭。

[注释]

①帛书本在相当于六十六章的文字后接八十、八十一章文字，六十七章文字接八十一章之后。

②"道"，据河上公本、傅奕本和帛书本删。"我"，指遵"道"而行的人，也可以说，指"我"所行的"道"。

③"似不肖"，帛书本作"大而不肖"。"不肖"，不像，谓与一般人的行事不同。

④"夫唯大，故似不肖"，帛书乙本作"夫唯不肖，故能大"，甲本与诸传本近同，作"夫唯大，故不肖"。

⑤"细"，小。"久矣其细"，王弼注："犹曰其细久矣。"

⑥"我有三宝"，帛书本"我"后有"恒"字。"保之"，河上公本、傅奕本、景龙碑本、帛书本作"宝之"，"宝"与"保"义近相通，"宝之"谓珍视而保之。

⑦"慈，故能勇"，慈爱，所以能勇敢。《论语·宪问》："仁者，必有勇；勇者，不必有仁。"

⑧"俭，故能广"，节俭，所以能财用广足。王弼注："节俭爱费，天下不匮，故能广也。"

⑨"为"，据《韩非子·解老》、范应元本、帛书本补。"故能为成器长"，范应元本、帛书乙本如此，《韩非子·解老》所引和帛书甲本"成器长"作"成事长"。"成"，盛大，《释名·释言语》："成，盛也。""为成器长"，意谓成为天下的尊长。

⑩ "今"，谓如今的那些人。"今舍慈且勇……"似战国时后人补语。

⑪ "且"，王弼注："且，犹取也。"傅奕本、帛书本"舍"后有"其"字。

⑫ "死矣"，帛书乙本作"则死矣"，甲本作"则必死矣"，傅奕本作"是谓入死门"。

⑬ "救之"，帛书本作"建之"。

⑭ "卫之"，帛书本作"垣之"。"垣"，援卫，保护。《释名·释宫室》："垣，援也，人所依阻以为援卫也。"

[译文]

天下人都说我"大"，似乎与一般人的行事不同。正是因为"大"，所以与一般人的行事不同。若是相同了，那就早已成为"小"了。

我有三件法宝，持守而保全着：第一叫慈爱，第二叫节俭，第三叫不敢走在天下人的前面。慈爱，所以能勇敢；节俭，所以能财用广足；不敢走在天下人的前面，所以能成为天下的尊长。

如今的那些人，舍弃了慈爱而只要勇敢，舍弃了节俭而只要广足，舍弃了居后而只要占先，这是走向死路啊！

慈爱，用以征战则能取胜，用以守卫则能坚固。如果天要救助谁，就以慈爱来护卫他。

六十八章

善为士者①，不武②；善战者，不怒③；善胜敌者，不与④；善用人者，为之下。是谓不争之德，是谓用人之力⑤，是谓配天⑥，古之极〔也〕⑦。

[注释]

① "善为士者"，帛书乙本句前有"故"字，傅奕本、景龙碑本、敦煌

本"故"作"古之"。"士",此处指将帅。王弼注:"士,卒之帅也。"

②"不武",不尚勇武。

③"不怒",不逞愤怒。

④"不与",不争。高亨《老子正诂》:"与犹斗也,古谓对斗为与……夫对斗而后胜敌,非善也,善胜敌者师旅不兴,兵刃不接,而敌降服,故曰善胜敌者不与也。"《孙子·谋攻篇》:"不战而屈人之兵,善之善者也。"傅奕本、景龙碑本、敦煌本"不与"作"不争"。

⑤"用人之力",利用别人的能力。帛书本无"之力"二字。

⑥"配天",配合天道,符合自然的道理。

⑦"极",最高的道理、准则。"也",据傅奕本、帛书本补。

[译文]

善于做将帅的,不尚勇武;善于打仗的,不逞愤怒;善于战胜敌人的,不与敌争斗;善于用人的,对人要谦下。这就叫做不争的品德,叫做用人的能力,叫做配合天道,古时最高的道理。

六十九章

用兵有言①:"吾不敢为主②,而为客③;不敢进寸,而退尺。"是谓行无行④,攘无臂⑤,[执无兵]⑥,扔无敌(执无兵)⑦。

祸莫大于轻敌,轻敌⑧几丧吾宝⑨。

故抗兵相(加)[若]⑩,哀者胜矣⑪。

[注释]

①"用兵有言",傅奕本、帛书本"言"后有"曰"字。

②"主",进攻,先发动战争。河上公注:"主,先也。我不敢先举兵。"

③"客",防守,不得已而应敌。河上公注:"客者,和而不倡。用兵当承天而后动。"

④"行无行",第一个"行"字是动词,指行军布阵;第二个"行"是名词,指行列、阵势。"行无行"即用兵无常形,不露行迹。

⑤"攘",攘臂(参三十八章注⑥),奋臂。"攘无臂"谓奋臂而若无臂。河上公注:"虽欲攘臂大怒,若无臂可攘也。"

⑥"执无兵",据傅奕本、严遵本和帛书本将"执无兵"移在"扔无敌"之前。王弼注:"用战犹行无行,攘无臂,执无兵,扔无敌也。"可见王弼本"执无兵"原亦在"扔无敌"之前。"兵",兵器。"执无兵"谓拿着兵器而若没有兵器。河上公注:"虽欲执持之,若无兵刃可持用也。"

⑦"扔",牵引,接临。"扔无敌"谓临敌而若无敌。河上公注:"虽欲仍〔扔〕引之,若无敌可仍〔扔〕也。"帛书本"扔无敌"作"乃无敌",帛书甲本"敌"后有"矣"字,"乃"读为"扔"(三十八章"攘臂而扔之",帛书本亦将"扔"写作"乃")。

⑧"轻敌",傅奕本、帛本两"轻敌"作"无敌"。

⑨"吾宝",即六十七章"我有三宝"的"慈"。苏辙《老子解》:"圣人以慈为宝。轻敌则轻战,轻战则轻杀人,丧其所以为慈矣。"

⑩"若",据傅奕本、帛书本改。"抗兵相若",对抗的两军兵力相当。帛书甲本"抗"作"称"。

⑪"哀",哀悯,慈爱。六十七章:"夫慈,以战则胜,以守则固。"

[译文]

用兵的人说过这样的话:"我不敢先进攻,而宁采取守势;我不敢前进一寸,而宁后退一尺。"这就叫做行军布阵而不露行迹,奋臂而若无臂,拿着兵器而若没有兵器,与敌相接而若没有敌人。

祸患没有比轻敌更大的了,轻敌几乎丧失了我的法宝。

所以,对抗的两军兵力相当,慈悲的一方可以取胜。

七十章

吾言甚易知,甚易行;天下①莫能知,莫能行。

言有宗②，事有君③。夫唯无知④，是以不我知⑤。

知我者希⑥，则我（者）贵［矣］⑦。是以圣人被褐⑧［而］怀玉⑨。

[注释]

① "天下"，傅奕本、帛书甲本作"人"。

② "宗"，宗旨。

③ "君"，主，根据。

④ "无知"，指人们不知道言的宗旨，事的根本。

⑤ "不我知"，即不知我，不理解我。

⑥ "希"，通"稀"，少。

⑦ "则我贵矣"，据傅奕本、帛书本改。

⑧ "褐"（hè），粗布。"被褐"，穿着粗布衣服，谓外表简陋。

⑨ "而"，据傅奕本、帛书本补。"怀玉"，王弼注："宝其真也。"此谓内藏其德。

[译文]

我的话很容易了解，很容易实行；人们却不能明白，不能实行。

说话要有宗旨，做事要有根据。正是因为人们的无知，所以才不理解我。

理解我的人少，我就更可贵了。所以，圣人穿着粗布衣服而怀揣着宝玉。

七十一章

知不知①，上［矣］②；不知知③，病［矣］④。

夫唯病病，是以不病⑤。圣人不病⑥，以其病病，是以不病。

[注释]

① "知不知",知道自己有所不知。

② "上",傅奕本、帛书本作"尚","上"、"尚"古通用。"矣",据傅奕本、帛书本补。

③ "不知知",不知道而自以为知道。《吕氏春秋·别类》:"知不知,上矣;过者之患,不知而自以为知。"

④ "病",毛病,弊病。"矣",据傅奕本、帛书本补。

⑤ "病病",第一个"病"是动词,意为担心,以……为病;第二个"病"是名词,指不知而自以为知的毛病。帛书本无"夫唯病病,是以不病"句。

⑥ "圣人不病",帛书本"圣人"前有"是以"。

[译文]

知道自己有所不知,这是好的;不知道而自以为知道,这就有毛病了。

正是因为把这个毛病看做病,所以才没有这个毛病。圣人没有这个毛病,是因为他把这个毛病看做病,所以就没有这个毛病。

七十二章

民不畏威①,则大威至②。
无狎其所居③,无厌其所生④。夫唯不厌⑤,是以不厌⑥。
是以圣人自知不自见⑦,自爱不自贵⑧。故去彼取此⑨。

[注释]

① "民不畏威",人民不害怕统治者的强力威权。联系下文"无狎其所居,无厌其所生",可知此句包含的意思有:人民之所以不畏,是因为统治者

的压迫太重,人民的饥苦太甚,以致不堪忍受,官逼民反。焦竑《老子翼》引王元泽注云:"民朴而生厚,则畏威;上失其道,多乎有为,以小道塞其生,故民巧伪雕薄,而威不能服也。"

②"大威至",帛书乙本作"大畏将至","畏"与"威"通。"大威"指大的祸乱,王弼注:"威不能复制民,民不能堪其威,则上下大溃矣,天诛将至。"

帛书甲本在此句之后有分章点。

③"狎",通"狭",逼迫。河上公本、景龙碑本此字作"狭"。奚侗《老子集解》:"'狭'即《说文》'陕'字,隘也。隘有迫谊……此言治天下者无狭迫人民之居处,使不得安舒。"

④"厌",读为"压",压迫。《说文》:"厌,笮也。"段注:"竹部曰'笮,迫也',此义今人字作'压',乃古今字之殊。"奚侗《老子集解》:此言治天下者"无厌笮人民之生活,使不得顺适"。

⑤"夫唯不厌",此"不厌"指统治者不压迫人民。

⑥"是以不厌",此"不厌"指人民不厌恶统治者。

⑦"见",读为"现"。"不自见",不自我表现。

⑧"不自贵",不自居高贵。

⑨"去彼取此","彼"指"自见"、"自贵","此"指"自知"、"自爱"。

[译文]

当人民不害怕统治者的强力威权的时候,天下就要有大的祸乱了。

不要逼迫得人民不得安居,不要压迫得人民生活困苦。只有统治者不压迫人民,人民才不厌恶统治者。

因此,圣人有自知之明而不自我表现,有自爱之心而不自居高贵。所以要舍去后者而取前者。

七十三章

勇于敢①则杀，勇于不敢②则活。此两者，或利或害③。天之所恶，孰知其故？（是以圣人犹难之。）④

天之道⑤，不争⑥而善胜，不言而善应⑦，不召而自来，繟⑧然而善谋。天网恢恢⑨，疏而不失⑩。

[注释]

① "敢"，敢争，坚强，与"不争"、"柔弱"相反。"杀"，被杀，死。
② "不敢"，不争，柔弱。
③ "此两者，或利或害"，不争则利，争则有害。
④ "是以圣人犹难之"，据景龙碑本、严遵本、帛书本删。高亨《老子正诂》："此句乃后人引六十三章以注此文者，宜据删。"
⑤ "天之道"，自然的规律。
⑥ "不争"，帛书乙本作"不单（战）"，甲本缺文。
⑦ "应"，回应，响应。
⑧ "繟"（chǎn），宽缓，坦然。
⑨ "天网"，自然的罗网。"恢恢"，甚大。
⑩ "疏"，稀疏。"失"，漏失。

[译文]

勇于敢争就会死，勇于不争就会活。这两种勇，有的得利，有的受害。天所厌恶的，谁知道是什么缘故？

自然的规律是，不争而善于取胜，不言而善于回应，不召而自动到来，坦然而善于谋划。天网广大无边，虽然稀疏而不会有漏失。

七十四章

民不畏死,奈何以死惧之①?若使民常畏死②,而为奇③者,吾得执④而杀之,孰敢?

常有司杀者⑤杀。夫代司杀者⑥杀,是(谓)代大匠斲⑦。夫代大匠斲者,希⑧有不伤其手矣。

[注释]

① "民不畏死",帛书本作"若民恒且不畏死"。"以死惧之",帛书本作"以杀惧之"。
② "若使民常畏死",帛书甲本无"使"字,乙本作"使民恒且畏死"。
③ "奇",诡异,作乱。王弼注:"诡异乱群谓之奇。"
④ "执",拘捕。
⑤ "司杀者",主管杀人的,指天(自然)。河上公注:"司杀者谓天,居高临下,司察人过。天网恢恢,疏而不失也。"帛书本此句作:"若民恒且必畏死,则恒有司杀者。"
⑥ "代司杀者",代替主管杀人的,指统治者之杀人。河上公注:"天道至明,司杀有常,犹春生夏长,秋收冬藏,斗勺运移,以节度之。人君欲代杀之,是犹拙夫代大匠斲木,劳而无功也。"
⑦ "谓",据傅奕本、帛书本删。"斲"(zhuó),斫木。
⑧ "希",稀少。

[译文]

人民不怕死,为什么用死来吓唬他们呢?假如人民总是怕死的,对于那些作乱的人,我把他抓来杀掉,谁还敢作乱?

时常有主管杀人的去杀。那代替主管杀人的去杀,就如同代替木匠去砍木头。那代替木匠去砍木头的人,少有不砍伤自己的手的。

七十五章

民之饥,以其上食税之多①,是以饥。

民之难治,以其上之有为,是以难治②。

民之轻死③,以其[上]④求生之厚⑤,是以轻死。

夫唯无以生为者⑥,是贤于贵生⑦。

[注释]

①"上",君上,统治者。"食税",吴澄《道德真经注》:"食谓君所食于民者,税则民之所出以供上食者。"河上公注:"民之所以饥寒者,以其君上食税下太多。"帛书本"上食税"作"取食税"。

②"有为",多欲妄为,违背"无为"之治。河上公注:"民之不可治者,以其君上多欲,好有为也。"帛书本"民"作"百姓","有为"作"有以为","难治"作"不治"。

帛书甲本在"是以不治"后有分章点。

③"轻死",轻视死,敢于冒死犯法。

④"上",据傅奕本补。

⑤"求生之厚",生活奢侈,厚自奉养。

⑥"无以生为",不以奉养自己的生命为务。高亨《老子正诂》:"无以生为者,不以生为事也,即不贵生也。"

⑦"贤",胜过。"贵生",看重自己的生命。高亨《老子正诂》:"君贵生则厚养,厚养则苛敛,苛敛则民苦,民苦则轻死,故君不贵生,贤于贵生也。"

[译文]

人民之饥饿,是因为统治者吞食的租税太多,所以人民才饥饿。

人民之难以治理,是因为统治者多欲妄为,所以人民才难以治理。

人民之敢于冒死犯法,是因为统治者的养生太奢侈,所以人民才敢于冒死犯法。

只有不以奉养自己的生命为务的人,才胜过那些看重自己生命的人。

七十六章

人之生也柔弱①,其死也坚强②。(万物)③草木之生也柔脆④,其死也枯槁。故坚强者死之徒⑤,柔弱者生之徒。

是以兵强则(不胜)[灭],木强则(兵)[折]⑥。(强大)[坚强]⑦处下,柔弱处上⑧。

[注释]

① "柔弱",形容人体的柔软。《老子》五十五章:"含德之厚者,比于赤子……骨弱筋柔而握固……"

② "坚强",形容人体的僵硬。

③ "万物",据傅奕本删。蒋锡昌《老子校诂》:"'万物'当为衍文,盖'柔脆'与'枯槁'均指草木而言。"

④ "柔脆",柔软脆弱,形容草木枝叶的柔嫩。苏辙本、叶梦得本"柔脆"作"柔弱"。高亨《老子正诂》:"柔脆作柔弱为胜。盖柔弱二字乃本章之主干也。"

⑤ "徒",属类。

⑥ "兵强则灭,木强则折",高亨《老子正诂》:"兵强八字,王本原作'兵强则不胜,木强则兵'。《列子·黄帝篇》、《文子·道原篇》、《淮南子·原道篇》并引作'兵强则灭,木强则折'。今据改。"河上公本、帛书本"兵

强则不胜"与王弼本同,"木强则折"河上公本作"木强则共",帛书甲本作"木强则恒",乙本作"木强则兢"。

⑦"坚强",据傅奕本、景龙碑本改。帛书本"强大"与王弼本同。

⑧"坚强处下,柔弱处上","上"、"下"指优、劣。《老子》三十六章:"柔弱胜刚强。"

[译文]

人活着的时候身体柔软,死的时候就僵硬了。草木活着的时候枝叶柔嫩,死的时候就枯槁了。所以,坚强的属于死亡之类,柔弱的属于生长之类。

因此,军队强大了就会走向败亡,树木强大了就会被摧折。坚强的实际处于劣势,柔弱的实际处于优势。

七十七章

天之道,其犹张弓与①?高者抑之,下者举之;有余者损之,不足者补之。

天之道,损有余而补不足。人之道则不然,损不足以奉有余。

孰能有余以奉天下②?唯有道者。

是以圣人为而不恃,功成而不处③,其不欲见贤④。

[注释]

①"张弓",拉弓。"与",通"欤",表示疑问或感叹。河上公本"与"作"乎",帛书本作"也"。

②"孰能有余以奉天下",高亨《老子正诂》:"犹云孰能以有余奉天下也。"傅奕本此句作"孰能损有余而奉不足于天下者"。

③"不恃",帛书本作"弗有"。"功成而不处",帛书本作"成功而弗

居"。《老子》二章："为而不恃，功成而弗居。"

④ "见"，读为"现"。"见贤"，表现自己的贤能。《老子》二十二章："不自见，故明"；二十四章："自见者不明"。帛书本"其不欲见贤"前有"若此"二字。

[译文]

自然的道理，不是很像拉弓射箭吗？高了就把它压低些，低了就把它抬高些；有余的就减损些，不足的就增补些。

自然的道理，就是减损有余而增补不足。人世的"道理"却不是这样，它是减损不足而增补有余。

谁能够把有余的奉献给天下人呢？只有有道的人能如此。

所以，圣人有所作为而不自恃其力，成功了而不居功，他不想表现自己的贤能。

七十八章

天下莫柔弱于水，而攻坚强者莫之能胜①，其无以易之②。弱之胜强，柔之胜刚③，天下莫不知，莫能行。

是以圣人云："受国之垢④，是谓社稷主；受国不祥⑤，是（为）[谓]⑥天下王。"正言若反⑦。

[注释]

① "攻坚强者莫之能胜"，河上公注："水能坏山推陵，磨铁销铜，莫能胜水而成功也。"在战争中，使用水攻也是最厉害的。

② "易"，代替。王弼注："以，用也。其，谓水也。言用水之柔弱，无物可以易之也。"

③ "弱之胜强，柔之胜刚"，傅奕本、帛书本两句前后互倒。

④ "受国之垢"，承受全国的屈辱。

⑤ "受国不祥",承受全国的灾殃。

⑥ "谓",据河上公本、傅奕本、帛书本改。

⑦ "正言若反",正面的话就像是反话。河上公注:"此乃正直之言,世人不知,以为反言。"蒋锡昌《老子校诂》:"'正言'即指上文'受国之垢'四句而言,谓以上所云,乃圣人正言,以世人不知,若为反言也。"高廷第《老子证义》:"此语并发明上下篇玄言之旨。凡篇中所谓曲则全,枉则直,洼则盈,敝则新,柔弱胜坚强,不益生则久生,无为则有为,不争莫与争,知不言,言不知,损而益,益而损,言相反而理相成,皆正言若反也。"

[译文]

天下没有比水更柔弱的,而攻克坚强的东西没有能更胜过水的,这是因为没有什么能代替它。

弱胜过强,柔胜过刚,天下没有人不知这个道理,却没有人能实行。

所以圣人说:"承受全国的屈辱,才称得上国家的君主;承受全国的灾殃,才称得上天下的君王。"正面的话就像是反话。

七十九章

和大怨,必有余怨①,安②可以为善?
是以圣人执左契③,而不责于人④。有德司契,无德司彻⑤。
天道无亲,常与善人⑥。

[注释]

① "和",调和。"和大怨,必有余怨",谓大的怨恨已经发生,再企图调和,则一定会有余留的怨恨。其言下之意是,应该从根本上杜绝怨恨的发生。

② "安",通"焉",疑问代词。

③"契",契约。古人立契约,刻木为契,剖分左右,双方各执一半,以求日后相合符信。"左契",债权人所执的一半,作为借据的存根;负债人则执右契。

④"责",索取还债。高亨《老子正诂》:"凡贷人者执左契,贷于人者执右契。贷人者可执左契以责贷于人者令其偿还。圣人执左契而不责于人,即施而不求报也。"

⑤"彻",周代的税法。《论语·颜渊》:"盍彻乎?"郑玄注:"周法,什一而税谓之彻。""司彻"即主管收税。蒋锡昌《老子校诂》:"此言有德之君主,执左契而不责于人。无德之君主,以收税为事。不责于人,则怨无由生。取于人无厌,则大怨至也。"

⑥"无亲",没有偏爱。"与",助也。《左传·僖公五年》引《周书》曰:"皇天无亲,惟德是辅。""皇天"是有道德意识和人格的意志之天,老子哲学把意志之天自然化,谓"天地不仁,以万物为刍狗"(五章),但仍认为自然之天是"常与善人"的。

[译文]

调和大的怨恨,必然还会有余怨未消,怎样才能做善事呢?

所以,圣人拿着左半边的契约,而不向人索债。有德的人就是这样经管契约,而无德的人却催逼着人们缴税。

天道对任何人都没有偏爱,只是常帮助善人。

八十章①

小国寡民②:使有什伯之器③而不用,使民重死④而不远徙⑤;虽有舟舆⑥,无所乘之;虽有甲兵,无所陈之;使(人)[民]⑦复结绳⑧而用之。甘其食,美其服,安其居,乐其俗⑨。邻国相望,鸡犬之声相闻,民至老死不相往来。

[注释]

①帛书本相当于八十章、八十一章的文字是在六十六章与六十七章的文字之间。

②"小国寡民",老子所理想的朴素的村社社会。

③"什伯",十百,言其众多。俞樾《诸子平议》:"什伯之器,乃兵器也。《后汉书·宣秉传》注曰:'军法五人为伍,二五为什,则共其器。'其兼言伯者,古军法以百人为伯,《周书·武顺》篇:'五五二十五曰元卒,四卒成卫曰伯。'是其证也。什伯皆士卒部曲之名。"张松如《老子校读》:"此句如谓虽有兵器而不用,则下文复云:'虽有甲兵,无所陈之',岂不重复累赘?……《一切经音义》:'什,众也,杂也,会数之名也,资生之物谓之什物。'又《史记·五帝本纪索引》:'什器:什,数也。盖人家常用之器非一,故以十为数,犹今云什物也。'若此,什伯即十百,即众多,亦即各式各样云云,使民有什伯之器而不用者,恰合'民多利器,国家滋昏',从而'塞其兑,闭其门'之义,正老氏旨归也。"河上公本、帛书本"什伯"之后有"人"字。

④"重死",看重死,不用生命去冒险。

⑤"不远徙",帛书本无"不"字。张松如《老子校读》:"'远徙'犹云惮远徙,暗含一'不'字。"

⑥"舆",车。帛书本作"车"。

⑦"民",据河上公本、傅奕本等和帛书本改。

⑧"结绳",上古原始社会没有文字,结绳以记事。《易传·系辞下》:"上古结绳而治,后世圣人易之以书契。"

⑨"甘其食,美其服,安其居,乐其俗",傅奕本、范应元本"甘其食"前有"至治之极,民各"。帛书本"乐其俗"与"安其居"互倒。

[译文]

国家小,人民少:即使有各种器具,也不使用;使人民看重生命,而不往远处迁徙;虽然有船和车,但没有人乘用;虽然有盔甲兵器,但没有地方陈列;使人民回复到结绳以记事。使人民吃得香甜,穿得美好,住得安适,习俗和乐。邻国之间可以互相望见,鸡鸣狗吠的声音可以互相听到,而人民直到老死也不互相往来。

八十一章

信言不美①,美言不信。善者不辩,辩者不善②。知者不博,博者不知③。

圣人不积④,既⑤以为人,己愈有;既以与⑥人,己愈多。

天之道⑦,利而不害;圣人之道⑧,为而不争⑨。

[注释]

① "信言",真实的话。"美",华丽。

② "辩",巧辩,善于辩说。帛书本此两句作"善者不多,多者不善"。

③ "博",广博,杂博。河上公注:"知者,谓知'道'之士。不博者,守一元也。"帛书本"知者不博,博者不知"在"善者不多,多者不善"之前。帛书甲本在"多者不善"句后有分章点。

④ "积",积蓄。

⑤ "既",《广雅·释诂》:"既,尽也。""为",施为,帮助。

⑥ "与",通"予",给予。帛书本此字作"予"。

⑦ "天之道",自然之道。

⑧ "圣人之道",帛书本作"人之道"。

⑨ "为而不争",施予而不争夺。

[译文]

真实的话不华丽,华美的言辞不真实。善人不巧辩,巧辩的人不善良。有真知的人不广博,广博的人没有真知。

圣人是不积蓄的,尽量帮助别人,而自己愈富有;尽量给予别人,而自己愈增多。

自然之道,是利物而不害物;圣人之道,是帮助人而不与人争夺。

附 录

一、《史记·老子列传》注译

老子者,楚苦县①厉乡曲仁里人也,姓李氏,名耳,字聃②,周守藏室之史也③。

孔子适周,将问礼于老子④。老子曰:"子所言者,其人与骨皆已朽矣,独其言在耳。且君子得其时则驾⑤,不得其时则蓬累而行⑥。吾闻之,良贾深藏若虚⑦,君子盛德,容貌若愚⑧。去子之骄气与多欲,态色与淫志⑨,是皆无益于子之身。吾所以告子,若是而已。"孔子去,谓弟子曰:"鸟,吾知其能飞;鱼,吾知其能游;兽,吾知其能走。走者可以为罔⑩,游者可以为纶⑪,飞者可以为矰⑫。至于龙,吾不能知,其乘风云而上天。吾今日见老子,其犹龙邪?"

老子修道德,其学以自隐无名为务。居周久之,见周之衰,乃遂去。至关⑬,关令尹喜曰⑭:"子将隐矣,彊为我著书。"于是老子乃著书上下篇,言道德之意五千余言而去,莫知其所终。

或曰:老莱子⑮亦楚人也,著书十五篇,言道德之用,与孔子同时云。

盖老子百有六十余岁,或言二百余岁⑯,以其修道而养寿也。

自孔子死之后百二十九年,而史记周太史儋见秦献公⑰曰:"始秦与周合,合五百岁而离,离七十岁而霸王者出焉。"或曰儋即老子,或曰非也,世莫知其然否。

老子,隐君子也。

老子之子名宗,宗为魏将,封于段干⑱。宗子注,注子宫,宫玄孙假,假仕于汉孝文帝。而假之子解为胶西王卬太傅,因家于齐焉。

世之学老子者则绌⑲儒学,儒学亦绌老子。"道不同,不相为谋",岂谓是邪?

李耳无为自化,清静自正⑳。

[注释]

① "苦县",今河南省鹿邑县东。《史记》索隐云:"苦县本属陈,春秋时楚灭陈,而苦又属楚,故云楚苦县。"

② "姓李氏",一说"老,考也",老子是对寿考之李耳的尊称;一说老子原姓老,老之变李是语转而然。"聃",同"耼",《说文》:"耼,耳大垂也","聃,耳曼也"。段玉裁《注》:"耳曼者,耳如引之而大也。"《史记》传本又作"姓李氏,名耳,字伯阳,谥聃",《史记》索隐云:"有本字伯阳,非正也。然老子号伯阳父,此传不称也。""字伯阳"是后人加进《史记》的,其原本并不如此。

③ "守藏室之史",掌管藏书的官员。《史记》索隐:"藏室史,周藏书室之史也。又《张苍传》:'老子为柱下史。'盖即藏室之柱下,因以为官名。"

④ "适",去,往。"周",即东周,都城在洛邑,今河南洛阳。关于孔子"问礼于老子",又见于《礼记·曾子问》、《庄子》之《天道》、《天运》等篇。《礼记·曾子问》:"曾子问曰:'葬引至于堩,日有食之,则有变乎?

且不乎?'孔子曰:'昔者吾从老聃助葬于巷党,及堩,日有食之。老聃曰……'"《庄子·天道》:"孔子西藏书于周室,子路谋曰:'由闻周之徵藏史有老聃者,免而归居,夫子欲藏书,则试往因焉。'孔子曰:'善。'往见老聃,而老聃不许。"《庄子·天运》:"孔子行年五十有一而不闻道,乃南之沛见老子。"孔子几次、何时、何地见老聃,文献记载歧异,学者莫衷一是。

⑤"驾",驾车,乘车。

⑥"蓬累而行",像蓬草飘动一样出行。《史记》正义:"言君子得明主则驾车而事,不遭时则若蓬转流移而行,可止则止也。"

⑦"贾"(gǔ),商人。"深藏若虚",《史记》索隐:"深藏谓隐其宝货,不令人见,故云'若虚'。"

⑧"君子盛德,容貌若愚",《史记》索隐:"君子之人,身有盛德,其容貌谦退,有若愚鲁之人然。"

⑨"淫志",过多的志向。

⑩"罔",捕兽用的网。

⑪"纶",钓丝。

⑫"矰"(zēng),射鸟用的拴着丝绳的箭。

⑬"关",一说指函谷关,在今河南省灵宝市东北;一说指散关,在今陕西省宝鸡市西南大散岭上。

⑭"关令尹喜",又称关尹或关尹子,一说关令尹即守关的关吏,名喜;一说姓关名尹,"关令尹喜曰"本无"令"字,意谓关尹喜悦而发言。《庄子·天下》篇:"以本为精,以物为粗,以有积为不足,澹然独与神明居。古之道术有在于是者,关尹、老聃闻其风而悦之。"《汉书·艺文志》著录《关尹子》九篇,自注云:"名喜,为关吏。老子过关,喜去吏而从之。"《史记》集解引《列仙传》曰:"关令尹喜者,周大夫也。善内学星宿,服精华,隐德行仁,时人莫知。老子西游,喜先见其气,知真人当过,候物色而迹之,果得老子。老子亦知其奇,为著书。与老子俱之流沙之西,服巨胜实,莫知其所终。亦著书九篇,名《关令子》。"《史记》索隐引《列仙传》:"老子西游,关令尹喜望见有紫气浮关,而老子果乘青牛而过也。"

⑮"老莱子",《史记》正义:"太史公疑老子或是老莱子,故书之。《列

仙传》云：'老莱子，楚人。当时世乱，逃世耕于蒙山之阳，莞葭为墙，蓬蒿为室，杖木为床，蓍艾为席，菹芰为食，垦山播种五谷。楚王至门迎之，遂去，至于江南而止。曰：鸟兽之解毛可绩而衣，其遗粒足食也。'"《史记·仲尼弟子列传》："孔子之所严事：于周则老子；于卫，蘧伯玉；于齐，晏平仲；于楚，老莱子；于郑，子产；于鲁，孟公绰。"

⑯"百有六十余岁，或言二百余岁"，《史记》索隐："此前古好事者据《外传》，以老子生年至孔子时，故百六十岁；或言二百余岁者，即以周太史儋为老子，故二百余岁也。"

⑰"百二十九年"，《史记》集解引徐广说："实百一十九年。"《史记·周本纪》："烈王二年，周太史儋见秦献公曰：'始周与秦国合而别，别五百载复合，合七十岁而霸王者出焉。'"《史记·秦本纪》："十一年，周太史儋见献公曰：'周故与秦国合而别，别五百岁复合，合七十岁而霸王出。'"按：周烈王二年、秦献公十一年，即公元前374年，孔子卒于公元前479年，依此当为孔子死后百零五年。

⑱"段干"，魏国都邑。

⑲"绌"，通"黜"，废，贬退。

⑳"无为自化，清静自正"，《史记》索隐："此太史公因其行事，于当篇之末结以此言，亦是赞也。按：老子曰'我无为而民自化，我好静而民自正'，此是昔人所评老聃之德，故太史公于此引以记之。"

[译文]

老子是楚国苦县厉乡曲仁里人，姓李，名耳，字聃，任周王朝守藏室的史官。

孔子去往周的都城，向老子问礼。老子说："你所说的话，那些人和他们的尸骨都已经朽烂了，只是他们的话还在。而且，君子如果得到时机，就服事君主，驾车而行；如果得不到时机，就像蓬草一样随风而动。我听说，善于经商的人深藏其财货，就像没有一样；有盛德的君子，其容态就像是愚夫。去掉你的骄气和多欲，以及矜持的态度和过多的志向，这些都对你没有好处。我所能告诉你的，仅此而已。"孔子离开老子以后，对弟子说："鸟，我知道它能飞；鱼，我知道它能游；兽，我知道它能走。走兽可以用网捕捉，游鱼可以用丝垂钓，飞鸟可以用箭射猎。至于龙，我就不能知道了，它乘着风云而腾空上天。我今天见到老子，他不就像龙吗？"

老子研究"道德"，其学说是主张自隐、无名。他在周王朝任官久了，见周日益衰落，就弃官离去。走到一个城关，守关的关尹对老子说："你就要隐逸了，请强为我著书。"于是，老子乃著书上下篇，讲"道德之意"，五千余言，然后离去，世人不知道他以后怎么样了。

有人说，老莱子也是楚国人，著书十五篇，是讲"道德之用"，与孔子同时。

可能老子活了一百六十多岁，有人说，活了二百多岁，因为他修道养生而长寿。

在孔子去世一百二十九年（按：应为一百零五年）之后，有史书记载周王朝的太史儋来见秦献公，说："秦开始与周合，合五百年后离，离七十年后将有霸王出现。"有人说，太史儋就是老子；也有人说，太史儋不是老子。世人不知道他到底是还是不是。

老子其人，是个隐逸的君子。

老子的儿子名宗，宗是魏国的将军，被封于段干。宗的儿子名注，注的儿子名宫，宫的玄孙名假，假在汉孝文帝时有官职。假的儿子名解，解担任胶西王刘卬的太傅，所以其家在齐。

世上学老子思想的人，贬黜儒学；而学儒学的人，也贬黜老子。"他们的道不同，所以互不相谋"，难道是这样吗？

老子主张无为、自化，清静、自正。

二、郭店楚墓竹简本《老子》释文

【说明】1993年，湖北荆门郭店一号楚墓出土竹简本《老子》。竹简的墓葬年代在公元前四世纪中期至前三世纪初，这是目前所见《老子》一书的最古传本。

竹简的整理者按竹简字体、形制的不同将《老子》简文分为甲、乙、丙三组。甲组的内容包括传世本的十九章、六十六章、四十六章中段和下段、三十章上段和中段、十五章、六十四章下段、三十七章、六十三章、二章、三十二章、二十五章、五章中段、十六章上段、六十四章上段、五十六章、五十七章、五十五章、四十四章、四十章、九章。乙组的内容包括传世本的五十九章、四十八章上段、二十章上段、十三章、四十一章、五十二章中段、四十五章、五十四章。丙组的内容包括传世本的十七章、十八章、三十五章、三十一章中段和下段、六十四章下段。三组简文的总字数相当于传世本五千余言的五分之二。

本释文根据荆门市博物馆编《郭店楚墓竹简》一书（文物出版社1998年版），并根据李零《郭店楚简校读记》（北京大学出版社2002年版）对竹简的编连顺序作了调整，释文也有所改动，有些字词的释读和缺文的补释参考了郭沂《郭店竹简与先秦学术思想》（上海教育出版社2001年版）。

为便于阅读，李零《郭店楚简校读记》把简文中的古体字、异体字和通假字转写为通行字，今从之。有些释读尚不能确定或有争议的字在（ ）内写出另一种读法。

原有的简序在< >内标出，如<21>表示原释文第21枝简。

与王弼本相应的章次在（ ）内标出，如（25）表示相应于王弼本二十五章。

简文原有的篇号用"〆"表示，章号用"■"表示，句读式章号用"｜"表示。

竹简上的空白用"－"表示，每一"－"表示空一字。

简文残损，可据文义试补的字，括以［　］号。

简文脱误，可据文义试补的字，括以【　】号。

简文衍文一概删去，错字直接改正。

甲组

有状混成，先天地生，寂寥独立不改，可以为天下母，未知其名，字之曰道，吾＜21＞强为之名曰大。大曰羡（逝），羡（逝）曰远，远曰反。天大，地大，道大，王亦大。国中有四大焉，王居一焉。人＜22＞法地，地法天，天法道，道法自然。■（25）

天地之间，其犹橐籥欤？虚而不屈，动而愈出。■－－－＜23＞（5）

至虚，恒也；守中，笃也。万物方（并）作，居以须复也。天道员员（芸芸），各复其根。■－－－－－－＜24＞（16）

含德之厚者，比于赤子，蜂虿虺蛇弗蛰，攫鸟猛兽弗扣，骨弱筋柔而握固。＜33＞未知牝牡之合朘怒，精之至也。终日号而不嗄，和之至也。和曰常，知和曰明，＜34＞益生曰祥，心使气曰强。物壮则老，是谓不道。■－－（55）

名与身孰亲？身与货＜35＞孰多？持与亡孰病？甚爱必大费，厚藏必多亡。故知足不辱，知止不殆，可＜36＞以长久。■（44）

反也者，道动也。弱也者，道之用也。天下万物生于有，【有】生于无。■（40）

持而盈＜37＞之，不若【其】已。揣而群之，不可长保也。金玉盈室,莫能守也。贵富【而】骄,自遗咎<38>也。功遂身退,天之道也。乚--------------------<39>(9)

　　绝智弃辩,民利百倍。绝巧弃利,盗贼无有。绝伪(为)弃诈(虑),民复季(孝)子(慈)。三言以<1>为使(辨)不足,或令之有乎属。视素抱(保)朴,少私寡欲。■(19)

　　江海所以为百谷王,以其<2>能为百谷下,是以能为百谷王。圣人之在民前也,以身后之;其在民上也,以<3>言下之。其在民上也,民弗厚也;其在民前也,民弗害也。天下乐进而弗厌。<4>以其不争也,故天下莫能与之争。(66)罪莫厚乎甚欲,咎莫险(憯)乎欲得,<5>祸莫大乎不知足。知足之为足,此恒足矣。丨(46)

　　以道佐人主者,不欲以兵强<6>于天下。善者果而已,不以取强。果而弗伐,果而弗骄,果而弗矜,是谓果而不强。其<7>事好【还】。丨(30)

　　长(上)古之善为士者,必微妙玄达,深不可识,是以为之容:豫乎【其】如冬涉川,犹乎其<8>如畏四邻,严乎其如客,涣乎其如释,混乎其如朴,沌乎其如浊。孰能浊以静<9>者,将徐清;孰能安以动者,将徐生。保此道者不欲尚盈。■(15)(注:■号原误"清"字下,现移"盈"字下。)

　　为之者败之,执之者失<10>之。是以圣人无为故无败,无执故无失。临事之纪,慎终如始,此无败事矣。圣人欲<11>不欲,不贵难得之货;教不教,复众之所过。是故圣人能辅万物之自然,而弗<12>能为。(64)道恒无为也,侯王能守之,而万物将自化。化而欲作,将镇之以无名之朴。夫<13>亦将知足,知【足】以静,万物将自定。■(37)

　　为无为,事无事,味无味。大小之多易必多难。是以圣人<14>犹难之,故终无难。■(63)

天下皆知美之为美也，恶已；皆知善，此其不善已。有无之相生也，<15>难易之相成也，长短之相形也，高下之相盈也，音声之相和也，先后之相随也。是<16>以圣人居无为之事，行不言之教。万物作而弗始也，为而弗恃也，成【功】而弗居。夫唯<17>弗居也，是以弗去也。■---（2）

道恒无名，朴虽微，天地弗敢臣。侯王如能<18>守之，万物将自宾。■（32）

天地相合也，以输甘露。民莫之命而自均安。始制有名，名<19>亦既有，夫亦将知止，知止所以不殆。譬道之在天下也，犹小谷之与江海。■---<20>（32）

其安也，易持也。其未兆也，易谋也。其脆也，易泮也。其微也，易散也。为之于其<25>无有也，治之于其未乱。合［抱之木，生于毫］末。九层之台，作［于累土。千里之行，始于］<26>足下。｜（64）

知之者弗言，言之者弗知。闭其兑，塞其门，和其光，同其尘，锉其锐，解其纷，<27>是谓玄同。故不可得而亲，亦不可得而疏；不可得而利，亦不可得而害；<28>不可得而贵，亦不可得而贱。故为天下贵。■（56）

以正治邦，以奇治兵，以无事<29>取天下。吾何以知其然也？夫天【下】多忌讳，而民弥叛；民多利器，而邦滋昏；人多<30>智，而奇物滋起；法物滋章，盗贼多有。是以圣人之言曰：我无事而民自富，<31>我无为而民自化，我好静而民自正，我欲不欲而民自朴。└------<32>（57）

乙组

上士闻道，勤能行于其中。中士闻道，若闻若无。下士闻道，大笑之。弗大<9>笑，不足以为道矣。是以建言有之：明道若昧，夷道［如纇，进］<10>道若退。上德如谷，大白如辱，广德如不足，建德如［偷，质］真如渝。<11>大方无隅，大器慢成，大音希声，大象无形。道［始无名，善始善成。〡］<12>（41）

治人事天莫若啬。夫唯啬，是以早服，是谓［重积德。重积德则无不克，无］<1>不克则莫知其极，莫知其极可以有国。有国之母，可以长［久，是谓深根固柢之法，］<2>长生久视之道也。■（59）

【为】学者日益，为道者日损。损之又损，以至无为<3>也。无为而无不为。〡（48）

绝学无忧。唯与呵，相去几何？美与恶，相去何若？<4>人之所畏，亦不可以不畏。〡（20）

人宠辱若惊，贵大患若身。何谓宠辱？<5>宠为下也。得之若惊，失之若惊，是谓宠辱【若】惊。［何谓贵大患］<6>若身？吾所以有大患者，为吾有身。及吾无身，有何［患？故贵为身于］<7>为天下，若可以托天下矣；爱以身为天下，若可以寄天下矣。■<8>（13）

闭其门，塞其兑，终身不侮。启其兑，塞其事，终身不来。■（52）

大成若<13>缺，其用不敝。大盈若盅，其用不穷。大巧若拙，大成（盛）若诎，大直<14>若屈。■（45）

燥胜沧，静（清）胜热，清静为天下正。（45）善建者不拔，善抱（保）者<15>不脱，子孙以其祭祀不辍。修之身，其德乃真；修之家，其德有余；修<16>之乡，其德乃长；修之邦，其德乃丰；修之天下，［其德乃溥。以家观］<17>家，以乡观乡，以邦观邦，以天下观天下。君何以知天［下然哉？以此。﹂］<18>（54）

丙组

太上下知有之,其次亲誉之,其次畏之,其次侮之。信不足,安<1>有不信,犹乎其贵言也。成事遂功,而百姓曰我自然也。(17)故大<2>道废,安有仁义;六亲不和,安有孝慈;邦家昏[乱],安有正臣。■<3>(18)

执大象,天下往。往而不害,安平大。乐与饵,过客止。故道[之出言],<4>淡呵其无味也。视之不足见,听之不足闻,而不可既也。■<5>(35)

君子居则贵左,用兵则贵右。故曰兵者[非君子之器,不]<6>得已而用之,恬淡为上,弗美也。美之,是乐杀人。夫乐[杀,不可]<7>以得志于天下。故吉事上左,丧事上右。是以偏将<8>军居左,上将军居右,言以丧礼居之也,故杀[人众]<9>则以哀悲莅之,战胜则以丧礼居之。■------<10>(31)

为之者败之,执之者失之。圣人无为,故无败也;无执,故[无失也]。<11>慎终若始,则无败事矣。人之败也,恒于其且成也败之。是以[圣]<12>人欲不欲,不贵难得之货;学不学,复众之所过。是以能辅万物<13>之自然而弗敢为。■-----------------<14>(64)

三、马王堆汉墓帛书《老子》甲、乙本释文

【说明】 1973 年，湖南长沙马王堆三号汉墓出土帛书《老子》甲、乙本。甲本用篆书抄写，不避"邦"字讳，当抄写于刘邦称帝（公元前 206 年）之前；乙本用隶书抄写，避"邦"字讳而不避"恒"字讳，当抄写于刘邦称帝之后至刘恒即位（公元前 179 年）之前。

帛书《老子》乙本在相当于通行本七十九章的文字之后写有"德三千卌一"，在相当于通行本三十七章的文字之后写有"道二千四百廿六"。据此，释文将帛书《老子》分为"德篇"和"道篇"。

帛书《老子》的文序与通行本不同，为便于比较，将相应于王弼本的章次写在（）内，如（38）表示相应于王弼本的三十八章。

帛书《老子》甲本中有十九个分章点，用"·"表示。

帛书损掩的缺文，用"□"表示，每个"□"代表一字。

为便于阅读，帛书中的一部分古体、异体字已转写为通行字，另有一部分是将其可读为的通行字写在（）内。

帛书中明显的误字，将正字写在〔〕内。

帛书中明显的脱字，将补字写在【】内。

帛书中抹去及未写全的废字，释文用〇代替。

为阅读、比较的方便，在释文中加了标点，损掩缺文较多处未作标点。

甲本

德篇

□□□□□□□□□□□□□德。上德无□□无以为也。上仁为之□□以为也。上义为之而有以为也。上礼□□□□□□□攘臂而乃（扔）之。故失道。失道矣而后德，失德而后仁，失仁而后义，□义而□□□□□□□□而乱之首也。□□□道之华也，而愚之首也。是以大丈夫居其厚而不居其泊（薄），居其实不居其华。故去皮（彼）取此。（38）

昔之得一者：天得一以清，地得□以宁，神得一以灵，浴（谷）得一以盈，侯□□□而以为正。其致之也，胃（谓）天毋已清将恐□，胃（谓）地毋□□将恐□，胃（谓）神毋已灵□恐歇，胃（谓）浴（谷）毋已盈将恐渴（竭），胃（谓）侯王毋已贵□□□□□。故必贵而以贱为本，必高矣而以下为基。夫是以侯王自

乙本

德篇

上德不德，是以有德。下德不失德，是以无德。上德无为而无以为也。上仁为之而无以为也。上德［义］为之而有以为也。上礼为之而莫之应也，则攘臂而乃（扔）之。故失道而后德，失德而句（后）仁，失仁而句（后）义，失义而句（后）礼。夫礼者，忠信之泊（薄）而乱之首也。前识者，道之华也，而愚之首也。是以大丈夫居□□□居其泊（薄），居其实而不居其华。故去罢（彼）而取此。（38）

昔得一者：天得一以清，地得一以宁，神得一以灵，浴（谷）得一以盈，侯王得一以为天下正。其至也，胃（谓）天毋已清将恐莲（裂），地毋已宁将恐发，神毋□□□恐歇，谷无已□将渴（竭），侯王毋已贵以高将恐蹶。故必贵以贱为本，必高矣而以下为基。夫是以侯王自胃（谓）孤、寡、不榖，此其贱之本与？

胃（谓）□孤、寡、不穀，此其贱□□与？非□？故致数与无与。是故不欲□□若玉，珞□□□。(39)

非也？故致数舆无舆。是故不欲禄禄若玉，硌硌若石。(39)

□□道善□□□□ (41)

上□□道，堇（勤）能行之；中士闻道，若存若亡；下士闻道，大笑之。弗笑，□□以为道。故建言有之曰：明道如费，进道如退，夷道如类。上德如浴（谷），大白如辱，广德如不足，建德如□，质□□□，大方无禺（隅），大器免（晚）成，大音希声，天[大]象无刑（形）。道褒无名。夫唯道，善始且善成。(41)

□□道之动也，弱也者道之用也。天□□□□□□□□□ (40)

反之者道之动也，□□者道之用也。天下之物生于有，有□于无。(40)

□□□□□□□□□□□□□□□□□□中气以为和。天下之所恶，唯孤、寡、不穀，而王公以自名也。勿（物）或损之□□，□之而损。故人□□□，夕（亦）议而教人。故强良（梁）者不得死，我□以为学父。(42)

道生一，一生二，二生三，三生□□□□□□□□□□以为和。人之所亚（恶），□□、寡、不穀，而王公以自□□。□□□□而云（损），云（损）之而益。□□□□□□□□□□□吾将以□□父。(42)

天下之至柔，□骋于天下之致（至）坚。无有入于无间。五（吾）是以知无为□□益也。不□□教，无为之益，□下希能及之矣。（43）

名与身孰亲？身与货孰多？得与亡孰病？甚□□□□□□亡。故知足不辱，知止不殆，可以长久。（44）

大成若缺，其用不弊（敝）。大盈若盅（冲），其用不窘。大直如诎（屈），大巧如拙，大赢如炳。趮（躁）胜寒，靓（静）胜炅（热）。请（清）靓（静）可以为天下正。（45）

·天下有道，□走马以粪。天下无道，戎马生于郊。·罪莫大于可欲，祸莫大于不知足，咎莫憯于欲得。□□□□□恒足矣。（46）

不出于户，以知天下；不规（窥）于牖，以知天道。其出也弥远，其□□□□□□□□□□□□为而□（47）

天下之至□，驰骋乎天下□□□□□□□□无间。吾是以□□□□□□也。不□□□□□□□□□□□矣。（43）

名与□□□□□□□□□□□□□□□□□□□□□□□□□□□□□□□（44）

□□□□□□□□盈如冲，其□□□□□□□巧如拙，□□□□□□□绌。趮（躁）朕（胜）寒，□□□□□□□□□（45）

□□□道，却走马□粪。无道，戎马生于郊。罪莫大可欲，祸□□□□□□□□□□□□□□足矣。（46）

不出于户，以知天下；不规（窥）于□，□知天道。其出弥远者，其知弥□□□□□□□□□而名，弗为而成。（47）

三、马王堆汉墓帛书《老子》甲、乙本释文　165

为□□□□□□□□□□□□□□□□□□□□□取天下也,恒□□□□□□□□□□(48)

□□□□□□,以百□之心为□。善者善之,不善者亦善□□□□□□□□□□□□□□□信。□□之在天下,歙歙焉,为天下浑心。百姓皆属耳目焉,圣人皆□□。(49)

□生□□□□□有□□□徒十有三,而民生生,动皆之死地之十有三。夫何故也?以其生生也。盖□□执生者,陵行不□矢(兕)虎,入军不被甲兵。矢(兕)无所揣其角,虎无所昔(措)其蚤(爪),兵无所容□,□何故也?以其无死地焉。(50)

·道生之而德畜之,物刑(形)之而器成之。是以万物尊道而贵□。□之尊,德之贵也,夫莫之爵而恒自然也。·道生之,畜之,

为学者日益,闻道者日云(损)。云(损)之有(又)云(损),以至于无□。□□□□□□取天下恒无事,及其有事也,□□足以取天□□(48)

圣人恒无心,以百省(姓)之心为心。善□□□□□□□□□□善也。信者信之,不信者亦信之,德(得)信也。圣人在天下也,歙歙焉,□□□□□生(姓)皆注其□□□□□□(49)

□生入死。生之□□□□□之徒十又(有)三,而民生生,僮(动)皆之死地之十有三。□何故也?以其生生。盖闻善执生者,陵行不辟兕虎,入军不被兵革。兕无□□□□□□□□其蚤(爪),兵□□□□□□也?以其无□□□(50)

道生之,德畜之,物刑(形)之而器成之。是以万物尊道而贵德。道之尊也,德之贵也,夫莫之爵也,而恒自然也。道生之,畜□

长之，遂之，亭之，□之，□□□□弗有也，为而不寺（恃）也，长而勿宰也。此之谓玄德。(51)

·天下有始，以为天下母。既得其母，以知其□，复守其母，没身不殆。·塞其闷，闭其门，终身不堇（勤）。启其闷，济其事，终身□□。□小曰，守柔曰强。用其光，复归其明，毋道［遗］身央（殃）。是胃（谓）袭常。(52)

·使我挈有知也，□□大道，唯□□□。□□甚夷，民甚好解。朝甚除，田甚芜，仓甚虚；服文采，带利□，□食，货□□□□□□□□□□(53)

善建□□拔，□□□□□。子孙以祭祀□□□□□□□□□□余；修之□□□□□□□□□□□以身□身，以家观家，以乡观乡，以邦观邦，以天□观□□□□

□□□之，亭之，毒之，养之，复（覆）□□□□□□□□□□弗宰。是胃（谓）玄德。(51)

天下有始，以为天下母。既得其母，以知其子；既○知其子，复守其母，没身不佁（殆）。塞其兑，闭其门，终身不堇（勤）。启其兑，齐其□，□□不棘。见小曰明，守□□强。用□□□□□□遗身央（殃）。是胃（谓）□常。(52)

使我介有知，行于大道，唯他（施）是畏。大道甚夷，民甚好僻。朝甚除，田甚芜，仓甚虚；服文采，带利剑，厌食而赍（资）财□□□盗□□非□也。(53)

善建者□□□□□□□子孙以祭祀不绝。修之身，其德乃真；修之家，其德有余；修之乡，其德乃长；修之国，其德乃丰；修之天下，其德乃博（溥）。以身观身，以家观□，□□□国，以天

□□□□□□□（54）

□□之厚□，比于赤子。蜂虿虺蛇弗蛰，（猛兽不据，）攫鸟猛兽弗搏。骨弱筋柔而握固，未知牝□□□□□，精□至也。终日（日）号而不嗄，和之至也。和曰常，知和曰明。益生曰祥，心使气曰强。□□即老，胃（谓）之不道，不□□（55）

□□弗言，言者弗知。塞其闷，闭其□，□其光，同其尘，坐（锉）其阅（锐），解其纷，是胃（谓）玄同。故不可得而亲，亦不可得而疏；不可得而利，亦不可得而害；不可□而贵，亦不可得而浅（贱）。故为天下贵。(56)

·以正之（治）邦，以畸（奇）用兵，以无事取天下。吾□□□□□也哉？夫天下□□讳，而民弥贫；民多利器，而邦家兹（滋）昏；人多知（智），而何（奇）物兹（滋）□□□□□盗贼□□□□□□□我无为

下观天下。吾何□知天下然兹（哉）？以□（54）

含德之厚者，比于赤子。蜂虿虺蛇弗赫（蛰），据鸟孟（猛）兽弗捕。骨筋弱柔而握固，未知牝牡之会而朘怒，精之至也。冬（终）日号而不嗄，和□□□□□常，知常曰明。益生□祥，心使气曰强。物□则老，胃（谓）之不道，不道蚤（早）已。(55)

知者弗言，言者弗知。塞其兑，闭其门，和其光，同其尘，锉其兑（锐）而解其纷，是胃（谓）玄同。故不可得而亲也，亦□□得而□；□□得而○利，□□□得而害；不可得而贵，亦不可得而贱。故为天下贵。(56)

以正之（治）国，以畸（奇）用兵，以无事取天下。吾何以知其然也才（哉）？夫天下多忌讳，而民弥贫；民多利器，□□□□昏；□□□□□□□物兹（滋）章，而盗贼□□。是以□人之言曰：我无为而民自化，我

也，而民自化；我好静，而民自正；我无事，民□□□□□□□□（57）

□□□□□□□其正（政）察察，其邦缺缺。祸，福之所倚；福，祸之所伏。□□□□□□□□□□□□□□□□□□□□□□□□□□□□（58）

□□□□□□□□□□□□□□□□□□□□□□□□□可以有国；有国之母，可以长久。是胃（谓）深槿（根）固氐（柢），长□□□道也。（59）

□□□□□□□□□天下，其鬼不神；非其鬼不神也，其神不伤人也；非其申（神）不伤人也，圣人亦弗伤□。□□不相□，□德交归焉。（60）

大邦者，下流也，天下之牝。天下

好静民自正，我无事而民自富，我欲不欲而民自朴。（57）

其正（政）闵闵，其民屯屯；其正（政）察察，其□□□。福，□之所伏。孰知其极？□无正也。正□□□，善复为□。□之迷也，其日固久矣。是以方而不割，兼（廉）而不刺，直而不继，光而不眺（耀）。（58）

治人事天，莫若啬。夫唯啬，是以蚤（早）服；蚤（早）服是胃（谓）重积□；重□□□□□□□□□莫知其□；莫知其□，□□有国；有国之母，可□□久。是胃（谓）□根固氐（柢），长生久视之道也。（59）

治大国，若亨（烹）小鲜。以道立（莅）天下，其鬼不神；非其鬼不神也，其神不伤人也；非其神不伤人也，□□□弗伤也。夫两□相伤，故德交归焉。（60）

大国□□□□□□牝也。天下

三、马王堆汉墓帛书《老子》甲、乙本释文 169

之郊（交）也，牝恒以靚（静）胜牡。以其靚（静）□，□宜为下。大邦□下小□，则取小邦；小邦以下大邦，则取于大邦。故或下以取，或下而取。□大邦者不过欲兼畜人，小邦者不过欲入事人。夫皆得其欲，□□□□□为下。（61）

□者万物之注也，善人之宝也，不善人之所保也。美言可以市，尊行可以贺（加）人。人之不善也，何弃也□有？故立天子，置三卿，虽有共之璧以先四马，不善［若］坐而进此。古之所以贵此者何也？不胃（谓）求□得，有罪以免舆（与）？故为天下贵。（62）

· 为无为，事无事，味无未（味）。大小多少，报怨以德。图难乎□□□□□□□天下之难作于易，天下之大作于细。是以圣人冬（终）不为大，故能□□□□□□□□□□必多难。是□□猷（犹）难之，故冬（终）于无难。（63）

之交也，牝恒以静朕（胜）牡。为其静也，故宜为下也。故大国以下□国，则取小国；小国以下大国，则取于大国。故或下□□，□下而取。故大国者不□欲并畜人，小国不□欲入事人。夫□□其欲，则大者宜为下。（61）

道者万物之注也，善人之宝也，不善人之所保也。美言可以市，奠（尊）行可以贺（加）人。人之不善，何□□□？□立天子，置三乡［卿］，虽有□□璧以先四马，不若坐而进此。古□□□□□□□□不胃（谓）求以得，有罪以免与？故为天下贵。（62）

为无为，□□□□□□□□□□□□□□□□乎其细也。天下之□□易，天下之大□□□□□□□□□□□夫轻若（诺）□□信，多易必多难。是以圣人□□之，故□□□□（63）

·其安也，易持也。□□□□易谋□□□□□□□□□□□□□□□□□□□毫末；九成之台，作于嬴（累）土；百仁（仞）之高，台（始）于足□□□□□□□□□□□□□也，□无败□；无执也，故无失也。民之从事也，恒于其成事而败之。故慎终若始，则□□□□□□欲不欲，而不贵难得之货；学不学，而复众人之所过；能辅万物之自□，□弗敢为。（64）

故曰：为道者非以明民，将以愚之也。民之难□也，以其知（智）多。故以知（智）知邦，国之贼也；以不知（智）知邦，□□德也。恒知此两者，亦稽式也。恒知稽式，此胃（谓）玄德。玄德深矣，远矣，与物□矣，乃□□□（65）

□海所以能为百浴（谷）王者，以其善下之，是以能为百浴（谷）王。是以圣人之欲上民也，必以其言下之；其欲先□□，必

□□□□□□□□□□□□□□□□□□□□□□□□□□□□□□□□木，作于毫末；九成之台，作于蔂土；百千之高，始于足下。为之者败之，执者失之。是以圣人无为，□□□□□□□□□民之从事也，恒于其成而败之。故曰：慎冬（终）若始，则无败事矣。是以圣人欲不欲，而不贵难得之货；学不学，复众人之所过；能辅万物之自然，而弗敢为。（64）

古之为道者，非以明□□□□之也。夫民之难治也，以其知（智）也。故以知（智）知国，国之贼也；以不知（智）知国，国之福也。恒知此两者亦稽式也。恒知稽式，是胃（谓）玄德。玄德深矣，远矣，□物反也，乃至大顺。（65）

江海所以能为百浴（谷）□□□其□下之也，是以能为百浴（谷）王。是以圣人之欲上民也，必以其言下之；其欲先民也，必

以身后之。故居前而民弗害也，居上而民弗重也。天下乐隼（推）而弗厌也。非以其不净（争）与？故□□□□净（争）。(66)

·小邦寡民：使十百人之器毋用，使民重死而远送［徙］；有车周（舟）无所乘之，有甲兵无所□□□□□□用之。甘其食，美其服，乐其俗，安其居。邻邦相望，鸡狗之声相闻，民□□□□□（80）

□□□□□不□□者不博，□者不知。善□□□□者不善。·圣人无□，□以为□□□□□□□□□□□□□□□□□（81）

□□□□□□夫唯□，故不宵（肖）。若宵（肖），细久矣！我恒有三褒（宝），之一曰兹（慈），二曰检（俭），□□□□□□□□□□□□□故能广；故能广；不敢为天下先，故能为成事长。今舍其兹（慈）且勇，

以其身后之。故居上而民弗重也，居前而民弗害。天下皆乐谁（推）而弗厌也。不□其无争与？故天下莫能与争。(66)

小国寡民：使有十百人器而勿用，使民重死而远徙；又（有）周（舟）车无所乘之，有甲兵无所陈之；使民复结绳而用之。甘其食，美其服，乐其俗，安其居。邻国相望，鸡犬之□□闻，民至老死不相往来。(80)

信言不美，美言不信。知者不博，博者不知。善者不多，多者不善。圣人无积，既以为人，己俞（愈）有；既以予人，己俞（愈）多。天之道，利而不害；人之道，为而弗争。(81)

天下□胃（谓）我大，大而不宵（肖）。夫唯不宵（肖），故能大。若宵（肖），久矣其细也夫！我恒有三宝，市（持）而宝之：一曰兹（慈），二曰检（俭），三曰不敢为天下先。夫慈，故能勇；检（俭），敢［故］能广；不敢为天

舍其后且先，则必死矣！夫兹（慈）□□则胜，以守则固。天将建之，女（如）以兹（慈）垣之。（67）

善为士者，不武；善战者，不怒；善胜敌者，弗□；善用人者，为之下。□胃（谓）不诤（争）之德，是胃（谓）用人，是胃（谓）天，古之极也。（68）

・用兵有言曰："吾不敢为主，而为客；不进寸，而芮（退）尺。"是胃（谓）行无行，襄（攘）无臂，执无兵，乃（扔）无敌矣。祸莫于[大]于无适（敌），无适（敌）斤（近）亡吾吾葆（宝）矣。故称兵相若，则哀者胜矣。（69）

吾言甚易知也，甚易行也；而人莫之能知也，而莫之能行也。言有君，事有宗。夫唯无知也，是以不□□□□□□我贵矣。是以圣人被褐而怀玉。（70）

下先，故能为成器长。□舍其兹（慈）且勇，舍其检（俭）且广，舍其后且先，则死矣！夫兹（慈）以单（战）则朕（胜），以守则固。天将建之，如以兹（慈）垣之。（67）

故善为士者，不武；善单（战）者，不怒；善朕（胜）敌者，弗与；善用人者，为之下。是胃（谓）不争□德，是胃（谓）用人，是胃（谓）肥（配）天，古之极也。（68）

用兵又（有）言曰："吾不敢为主，而为客；不敢进寸，而退尺。"是胃（谓）行无行，攘无臂，执无兵，乃（扔）无敌。祸莫大于无敌，无敌近〇亡吾宝矣。故抗兵相若，而依（哀）者朕（胜）□。（69）

吾言甚易知也，易行也；而天下莫之能知也，莫之能行也。夫言又（有）宗，事又（有）君。夫唯无知也，是以不我知。知者希，则我贵矣。是以圣人被褐而怀玉。（70）

三、马王堆汉墓帛书《老子》甲、乙本释文

知不知，尚矣；不知不知，病矣。是以圣人之不病，以其□□□□□（71）

□□□畏畏（威），则□□□□矣。·毋闸（狎）其所居，毋厌其所生。夫唯弗厌，是□□□□□□□□□□□而不自贵也。故去彼取此。（72）

·勇于敢者□□，□于不敢者则栝（活）。□□□□□□□□□□□□□□□□□□□□不言而善应，不召而自来，弹而善谋。□□□□□□□（73）

□□□□□□□奈何以杀惧之也？若民恒是［畏］死，则而为者，吾将得而杀之，夫孰敢矣？若民□□必畏死，则恒有司杀者。夫伐［代］司杀者杀，是伐［代］大匠斲也。夫伐［代］大匠斲者，则□有不伤其手矣。（74）

·人之饥也，以其取食税之多也，

知不知，尚矣；不知知，病矣。是以圣人之不□也，以其病病也，是以不病。（71）

民之不畏畏（威），则大畏（威）将至矣。毋狎其所居，毋厌其所生。夫唯弗厌，是以不厌。是以圣人自知而不自见也，自爱而不自贵也。故去罢（彼）而取此。（72）

勇于敢则杀，勇于不敢则栝（活）。□两者，或利或害。天之所亚（恶），孰知其故？天之道，不单（战）而善朕（胜），不言而善应，弗召而自来，单而善谋。天网裎裎（恢恢），疏而不失。（73）

若民恒且〇不畏死，若何以杀惧之也？使民恒且畏死，而为畸（奇）者，□得而杀之，夫孰敢矣？若民恒且必畏死，则恒又（有）司杀者。夫代司杀者杀，是代大匠斲。夫代大匠斲，则希不伤其手。（74）

人之饥也，以其取食税之多，是

是以饥。百姓之不治也,以其上有以为□,是以不治。·民之巠(轻)死,以其求生之厚也,是以巠(轻)死。夫唯无以生为者,是贤贵生。(75)

·人之生也柔弱,其死也菫仞贤(坚)强。万物草木之生也柔脆,其死也枯槁。故曰:坚强者死之徒也,柔弱微细生之徒也。兵强则不胜,木强则恒。强大居下,柔弱微细居上。(76)

天下□□□□□者也,高者印(抑)之,下者举之,有余者损之,不足者补之。故天之道,损有□□□□□□□不然,损□□□奉有余。孰能有余而有以奉于天者乎?□□□□□□□□□□□□□□□□□□见贤也。(77)

天下莫柔□□□□□坚强者莫之能□也,以其无□易□□□□□□□胜强,天□□□□□□行也。故圣人之言云曰:受邦之诟,

以饥。百生(姓)之不治也,以其上之有以为也,□以不治。民之轻死也,以其求生之厚也,是以轻死。夫唯无以生为者,是贤贵生。(75)

人之生也柔弱,其死也䪥信(伸)坚强。万□□木之生也柔脆,其死也枯槁。故曰:坚强死之徒也,柔弱生之徒也。□以兵强则不朕(胜),木强则兢。故强大居下,柔弱居上。(76)

天之道,犹张弓也,高者印(抑)之,下者举之,有余者云(损)之,不足者□□□□□云(损)有余而益不足;人之道,云(损)不足而奉又(有)余。夫孰能又(有)余而□□奉于天者,唯又(有)道者乎?是以圣人为而弗又(有),成功而弗居也。若此其不欲见贤也。(77)

天下莫柔弱于水,□□□□□□□以其无以易之也。水之朕(胜)刚也,弱之朕(胜)强也,天下莫弗知也,而□□□□也。

是胃（谓）社稷之主；受邦之不祥，是胃（谓）天下之王。正言若反。(78)

和大怨，必有余怨，焉可以为善？是以圣右介（契）而不以责于人。故有德司介（契），□德司彻。夫天道无亲，恒与善人。(79)

道篇

·道，可道也，非恒道也。名，可名也，非恒名也。无名，万物之始也；有名，万物之母也。□恒无欲也，以观其眇（妙）；恒有欲也，以观其所噭。两者同出，异名同胃（谓）。玄之有（又）玄，众眇（妙）之□。(1)

天下皆知美为美，恶已；皆知善，斯不善矣。有无之相生也，难易之相成也，长短之相刑（形）也，高下之相盈也，意（音）声之相和也，先后之相隋（随），恒也。是以声（圣）人居无为之事，行□□□□□□□□□也，

是故圣人之言云曰：受国之诟，是谓社稷之主。受国之不祥，是胃（谓）天下之王。正言若反。(78)

禾（和）大□□□□□□□□为善？是以圣人执左芥（契）而不责于人。故又（有）德司芥（契），无德司彻。□□□□□□□ (79)

德　三千卌一

道篇

道，可道也，□□□□□□□□恒名也。无名，万物之始也；有名，万物之母也。故恒无欲也，□□□□；恒又（有）欲也，以观其所噭。两者同出，异名同胃（谓）。玄之又玄，众眇（妙）之门。(1)

天下皆知美为美，亚（恶）已；皆知善，斯不善矣。□□□□生也，难易之相成也，长短之相刑（形）也，高下之相盈也，音声之相和也，先后之相隋（随），恒也。是以圣人居无为之事，行不言之教。万物昔（作）而弗

为而弗志（恃）也，成功而不居也。夫唯【弗】居，是以弗去。(2)

不上贤，□□□□□□□□民不为□。不□□□民不乱。是以声（圣）人之□□□□□□□□强其骨。恒使民无知无欲也，使□□□□□□□□□（3）

□□□□□□盈也。渊呵！始（似）万物之宗。锉其【锐】，解其纷，和其光，同□□□□或存。吾不知□子也，象帝之先。(4)

天地不仁，以万物为刍狗。声（圣）人不仁，以百省（姓）□□狗。天地□间，□犹橐籥舆（与）？虚而不屈，动而俞（愈）出。多闻数穷，不若守于中。(5)

浴（谷）神□死，是胃（谓）玄牝。玄牝之门，是胃（谓）□地之根。绵绵呵若存，用之不堇（勤）。(6)

始，为而弗侍（恃）也，成功而弗居也。夫唯弗居，是以弗去。(2)

不上贤，使民不争。不贵难得之货，使民不为盗。不见可欲，使民不乱。是以圣人之治也，虚其心，实其腹，弱其志，强其骨。恒使民无知无欲也，使夫知不敢弗为而已，则无不治矣。(3)

道冲而用之有弗盈也。渊呵！佁（似）万物之宗。锉其兑（锐），解其芬（纷），和其光，同其尘。湛呵！佁（似）或存。吾不知其谁之子也，象帝之先。(4)

天地不仁，以万物为刍狗。圣人不仁，□百姓为刍狗。天地之间，其犹橐籥舆（与）？虚而不屈，动而俞（愈）出。多闻数穷，不若守于中。(5)

浴（谷）神不死，是胃（谓）玄牝。玄牝之门，是胃（谓）天地之根。绵绵呵！其若存，用之不堇（勤）。(6)

三、马王堆汉墓帛书《老子》甲、乙本释文

天长地久。天地之所以能口且久者,以其不自生也,故能长生。是以声(圣)人芮(退)其身而身先,外其身而身存。不以其口舆(与)?故能成其口。(7)

上善治(似)水。水善利万物而有静(争),居众之所恶,故几于道矣。居善地,心善渊,予善信,正善治,事善能,动善时。夫唯不静(争),故无尤。(8)

挀(殖)而盈之,口口口口口之口之,口可长葆也。金玉盈室,莫之守也;贵富而骄,自遗咎也。功述(遂)身芮(退),天口口口。(9)

口口口口口口口口口口口能婴儿乎?修除玄蓝(鉴),能毋疵乎?爱口口口口口口口口口生之畜之,生而弗口口口口德。(10)

天长地久。天地之所以能长且久者,以其不自生也,故能长生。是以圣人退其身而身先,外其身而身存。不以其无私舆(与)?故能成其私。(7)

上善如水。水善利万物而有争,居众人之所亚(恶),故几于道矣。居善地,心善渊,予善天,言善信,正(政)善治,事善能,动善时。夫唯不争,故无尤。(8)

(殖)而盈之,不若其已;揣而允(锐)之,不可长葆也。金玉口室,莫之能守也;贵富而骄,自遗咎也。功遂身退,天之道也。(9)

戴营魄抱一,能毋离乎?抟气致柔,能婴儿乎?修除玄监(鉴),能毋有疵乎?爱民栝(治)国,能毋以知乎?天门启阖,能为雌乎?明白四达,能毋以知乎?生之畜之,生而弗有,长而弗宰也,是胃(谓)玄德。(10)

卅□□□□其无，□□之用□。埏埴为器，当其无，有埴器□□□□□□当其无，有□之用也。故有之以为利，无之以为用。（11）

五色使人目明〔盲〕，驰骋田腊（猎）使人□□□，难得之货使人之行方（妨）。五味使人之口啪（爽），五音使人之耳聋。是以声（圣）人之治也，为腹而不□□，故去罢（彼）耳（取）此。（12）

龙（宠）辱若惊，贵大梡（患）若身。苟（何）胃（谓）宠辱若惊？宠之为下，得之若惊，失□若惊，是胃（谓）宠辱若惊。何胃（谓）贵大梡（患）若身？吾所以有大梡（患）者，为吾有身也。及吾无身，有何梡（患）？故贵为身于为天下，若可以托天下矣；爱以身为天下，女可以寄天下。（13）

视之而弗见，名之曰微；听之而弗闻，名之曰希；捪之而不得，

卅辐同一毂，当其无，有车之用也。埏埴而为器，当其无，有埴器之用也。凿户牖，当其无，有室之用也。故有之以为利，无之以为用。（11）

五色使人目盲，驰骋田腊（猎）使人心发狂，难得之货○使人之行仿（妨）。五味使人之口爽，五音使人之耳□。是以圣人之治也，为腹而不为目，故去彼而取此。（12）

弄（宠）辱若惊，贵大患若身。何胃（谓）弄（宠）辱若惊？弄（宠）之为下也，得之若惊，失之若惊，是胃（谓）弄（宠）辱若惊。何胃（谓）贵大患若身？吾所以有大患者，为吾有身也。及吾无身，有何患？故贵为身于为天下，若可以橐（托）天下□；爱以身为天下，女可以寄天下矣。（13）

视之而弗见，□之曰微；听之而弗闻，命之曰希；○捪之而不得，

名之曰夷。三者不可至（致）计（诘），故囷□□□。一者，其上不攸，其下不忽。寻寻呵！不可名也，复归于无物。是胃（谓）无状之状，无物之□□□□□□□□□□□而不见其首。执今之道，以御今之有，以知古始，是胃（谓）□□。（14）

□□□□□□□□深不可志（识）。夫唯不可志（识），故强为之容，曰：与呵其若冬□□□□□畏四□，□呵其若客，涣呵其若凌泽（释），□呵其若榋（朴），湷□□□□□□若浴（谷）。浊而情（静）之余（徐）清，女［安］以重（动）之余（徐）生。葆此道不欲盈。夫唯不欲□，□以能□□成。（15）

致虚极也，守情（静）表也。万物旁（并）作，吾以观其复也。天物云云（芸芸），各复归于其□，□□。是胃（谓）复命。复命，常也。知常，明也。不知常，妄。妄作，凶。知常容，容乃公，

命之曰夷。三者不可至（致）计（诘），故绲［混］而为一。一者，其上不谬，其下不忽。寻寻呵！不可命也，复归于无物。是胃（谓）无状之状，无物之象，是胃（谓）沕（惚）望（恍）。隋（随）而不见其后，迎而不见其首。执今之道，以御今之有，以知古始，是胃（谓）道纪。（14）

古之□为道者，微眇（妙）玄达，深不可志（识）。夫唯不可志（识），故强为之容，曰：与呵其若冬涉水，猷（犹）呵其若畏四邻，严呵其若客，涣呵其若凌泽（释），沌呵其若朴，涽呵其若浊，莊呵其若浴（谷）。浊而静之徐清，女［安］以重（动）之徐生。葆此道□□欲盈。是以能鍪（敝）而不成。（15）

致虚极也，守静督也。万物旁（并）作，吾以观其复也。天物耘耘（芸芸），各复归于其根，曰静。静，是胃（谓）复命。复命，常也。知常，明也。不知常，芒（妄）。芒（妄）作，凶。知

公乃王，王乃天，天乃道，□□□，沕（没）身不殆。(16)

太上，下知有之；其次，亲誉之；其次，畏之；其下，母（侮）之。信不足，案有不信。□□其贵言也。成功遂事，而百省（姓）胃（谓）我自然。(17)

故大道废，案有仁义；知（智）快（慧）出，案有大伪；六亲不和，案有畜（孝）兹（慈）；邦家闵（昏）乱，案有贞臣。(18)

绝声（圣）弃知（智），民利百负（倍）；绝仁弃义，民复畜（孝）兹（慈）；绝巧弃利，盗贼无有。此三言也，以为文不足，故令之有所属：见素抱□，□□□□。(19)

□□□□。唯与诃，其相去几何？美与恶，其相去何若？人之□□，亦不□□□□□□□□众人熙熙，若乡（享）于大牢，而春登台。我泊焉未佻（兆），若□□□□；累呵如□□□□□皆有

常容，容乃公，公乃王，□□天，天乃道，道乃没身不殆。(16)

太上，下知由（有）□；其□，亲誉之；其次，畏之；其下，母（侮）之。信不足，安有不信。猷（犹）呵其贵言也。成功遂事，而百姓胃（谓）我自然。(17)

故大道废，安有仁义；知（智）慧出，安有□□；六亲不和，安又（有）孝兹（慈）；国家闵（昏）乱，安有贞臣。(18)

绝圣弃知（智），而民利百倍；绝仁弃义，而民复孝兹（慈）；绝巧弃利，盗贼无有。此三言也，以为文不足，故令之有所属：见素抱朴，少□而寡欲。(19)

绝学无忧。唯与呵，相去几何？美与亚（恶），其相去何若？人之所畏，亦不可以不畏人。望（恍）呵，其未央才（哉）！众人熙熙，若乡（享）于大牢，而春登台。我博（泊）焉未垗（兆），

三、马王堆汉墓帛书《老子》甲、乙本释文 181

余，我独遗。我禺（愚）人之心也，惷惷呵。鬻（俗）□□□□□昏呵；鬻（俗）人蔡蔡（察察），我独闷闷呵。忽呵其若□，望（恍）呵其若无所止。□□□□□□□以悝（俚）。吾欲独异于人，而贵食母。(20)

孔德之容，惟道是从。道之物，唯望（恍）唯忽（惚）。□□□呵，中有象呵；望（恍）呵忽（惚）呵，中有物呵；滺（幽）呵鸣（冥）呵，中有请（精）呵；其请（精）甚真，其中□□。自今及古，其名不去，以顺众父。吾何以知众父之然？以此。(21)

炊者不立，自视（是）不章，□见者不明，自伐者无功，自矜者不长。其在道，曰：余食、赘行。物或恶之，故有欲者□居。(24)

曲则金（全），枉则定，洼则盈，敝则新，少则多，多则惑。是以

若婴儿未咳；累呵怡（似）无所归。众人皆又（有）余。我愚人之心也，湷湷呵。鬻（俗）人昭昭，我独若昏呵；鬻（俗）人察察，我独闽闽（闵闵）呵。沕呵其若海，望（恍）呵若无所止。众人皆有以，而我独门元（顽）以鄙。我独异于人，而贵食母。(20)

孔德之容，惟道是从。道之物，唯望（恍）唯沕（惚）。沕（惚）呵望（恍）呵，中又（有）象呵；望（恍）呵沕（惚）呵，中有物呵；幼（窈）呵冥呵，其中有请（精）呵；其请（精）甚真，其中有信。自今及古，其名不去，以顺众父。吾何以知众父之然也？以此。(21)

炊者不立，自视（是）者不章，自见者不明，自伐者无功，自矜者不长。其在道也，曰：余食、赘行。物或亚（恶）之，故有欲者弗居。(24)

曲则全，汪（枉）则正，洼则盈，敝则新，少则多，多则惑。是以

声（圣）人执一，以为天下牧。不□视（是）故明，不自见故章，不自伐故有功，弗矜故能长。夫唯不争，故莫能与之争。古□□□□□□□语才（哉）？诚金（全）归之。（22）

希言自然。飘风不冬（终）朝，暴雨不冬（终）日。孰为此？天地□□□□□□于人乎？故从事而道者同于道，德者同于德，者〔失〕者同于失。同于德□，道亦德之；同于□者，道亦失之。（23）

有物昆（混）成，先天地生。绣（寂）呵缪（寥）呵，独立□□□，可以为天地母。吾未知其名，字之曰道。吾强为之名曰大。□曰筮（逝），筮（逝）曰□□□□□天大，地大，王亦大。国中有四大，而王居一焉。人法地，□法□，天法□，□法□□。（25）

□为巠（轻）根，清（静）为趮（躁）君。是以君子众（终）日行，不离其辎重；唯（虽）有环官，燕处□

圣人执一，以为天下牧。不自视（是）故章，不自见也故明，不自伐故有功，弗矜故能长。夫唯不争，故莫能与之争。古之所谓曲全者，几语才（哉）？诚全归之。（22）

希言自然。飘风不冬（终）朝，暴雨不冬（终）日。孰为此？天地而弗能久，有（又）兄（况）于人乎？故从事而道者同于道，德者同于德，失者同于失。同于德者，道亦德之；同于失者，道亦失之。（23）

有物昆（混）成，先天地生。萧（寂）呵谬（寥）呵，独立而不孩（改），可以为天地母。吾未知其名也，字之曰道。吾强为之名曰大。大曰筮（逝），筮（逝）曰远，远曰反。道大，天大，地大，王亦大。国中有四大，而王居一焉。人法地，地法天，天法道，道法自然。（25）

重为轻根，静为趮（躁）君。是以君子冬（终）日行，不远其辎重；虽有环官，燕处则昭若。若

三、马王堆汉墓帛书《老子》甲、乙本释文 183

□若。若何万乘之王而以身巠（轻）于天下？巠（轻）则失本，趮（躁）则失君。（26）

善行者无辙迹，□言无瑕適（谪），善数不以筹策。善闭者无关籥而不可启也，善结者□□约而不可解也。是以声（圣）人恒善救人，而无弃人，物无弃财。是胃（谓）怞明。故善□□□之师；不善人，善人之资也。不贵其师，不爱其资，唯（虽）知乎大眯（迷）。是胃（谓）眇（妙）要。（27）

知其雄，守其雌，为天下溪。为天下溪，恒德不鸡（离）。恒德不鸡（离），复归婴儿。知其白，守其辱，为天下浴（谷）。为天下□，恒德乃□。德乃□□□□。知其【白】，守其黑，为天下式。为天下式，恒德不贷（忒）。恒德不贷（忒），复归于无极。朴散□□□□人用则为官长，夫大制无割。（28）

将欲取天下而为之，吾见其弗□

何万乘之王而以身轻于天下？轻则失本，趮（躁）则失君。（26）

善行者无达迹，善言者无瑕適（谪），善数者不用筹策。善○闭者无关籥而不可启也，善结者无绳约而不可解也。是以圣人恒善救人，而无弃人，物无弃财。是胃（谓）曳明。故善人，善人之师；不善人，善人之资也。不贵其师，不爱其资，虽知乎大迷。是胃（谓）眇（妙）要。（27）

知其雄，守其雌，为天下鸡（溪）。为天下鸡（溪），恒德不离。恒德不离，复□□□□□其白，守其辱，为天下○浴（谷）。为天下浴（谷），恒德乃足，复归于朴。知其白，守其黑，为天下式。为天下式，恒德不贷（忒）。恒德不贷（忒），复归于无极。朴散则为器，圣人用则为官长，夫大制无割。（28）

将欲取□□□□□□□□得已。

□□□器也,非可为者也,为者败之,执者失之。物或行或随,或炅(热)或□□□□或坏(培)或椭(堕)。是以声(圣)人去甚,去大,去楮(奢)。(29)

以道佐人主,不以兵强□天下。□□□□□所居,楚棘生之。善者果而已矣,毋以取强焉。果而毋骄,果而勿矜,果而□□,果而毋得已居,是胃(谓)□而不强。物壮而老,是胃(谓)之不道,不道蚤(早)已。(30)

夫兵者,不祥之器□,物或恶之,故有欲者弗居。君子居则贵左,用兵则贵右。故兵者非君子之器也。□□不祥之器也,不得已而用之,铦袭为上,勿美也。若美之,是乐杀人也。夫乐杀人,不可以得志于天下矣。是以吉事上左,丧事上右;是以便(偏)将军居左,上将军居右,言以丧礼居之。杀人众,以悲依(哀)立(莅)之;战胜,以丧礼处之。(31)

夫天下,神器也,非可为者也,为之者败之,执之者失之。○物或行或隋(随),或热,或砒,或陪(培)或堕。是以圣人去甚,去大,去诸(奢)。(29)

以道佐人主,不以兵强于天下。其□□□□□□□棘生之。善者果而已矣,毋以取强焉。果而毋骄,果而勿矜,果□□伐,果而毋得已居,是胃(谓)果而强。物壮而老,胃(谓)之不道,不道蚤(早)已。(30)

夫兵者,不祥之器也,物或亚(恶)□□□□□□□□子居则贵左,用兵则贵右。故兵者非君子之器。兵者不祥□器也,不得已而用之,铦憺为上,勿美也。若美之,是乐杀人也。夫乐杀人,不可以得志于天下矣。是以吉事□□□□□是以偏将军居左,而上将军居右,言以丧礼居之也。杀□□,□□□立(莅)□;□朕(胜)而以丧礼处之。(31)

三、马王堆汉墓帛书《老子》甲、乙本释文 185

道恒无名，朴唯（虽）□□□□□□王若能守之，万物将自宾。天地相谷［合］，以俞甘洛（露）；民莫之□，□□□焉。始制有□，□□□有，夫□□□□□所以不□。俾（譬）道之在□□□□□浴（谷）之与江海也。（32）

知人者，知（智）也。自知□□□□□者，有力也。自胜者，□□□□□□也。强行者，有志也。不失其所者，久也。死不忘者，寿也。（33）

道，□□□□□□□□遂事而弗名有也。万物归焉而弗为主，则恒无欲也，可名于小。万物归焉□□为主，可名于大。是□声（圣）人之能成大也，以其不为大也，故能成大。（34）

执大象，□□往。往而不害，安平大。乐与饵，过格（客）止。故道之出言也，曰：谈（淡）呵

道恒无名，朴唯（虽）小，而天下弗敢臣。侯王若能守之，万物将自宾。天地相合，以俞甘洛（露）；□□□令，而自均焉。始制有名，名亦既有，夫亦将知止，知止所以不殆。卑（譬）□□在天下也，猷（犹）小浴（谷）之与江海也。（32）

知人者，知（智）也。自知，明也。朕（胜）人者，有力也。自朕（胜）者，强也。知足者，富也。强行者，有志也。不失其所者，久也。死而不忘者，寿也。（33）

道，渢（泛）呵，其可左右也，成功遂□□弗名有也。万物归焉而弗为主，则恒无欲也，可名于小。万物归焉而弗为主，可命（名）于大。是以圣人之能成大也，以其不为大也，故能成大。（34）

执大象，天下往。往而不害，安平大。乐与□，过格（客）止。故道之出言也，曰：淡呵其无味

其无味也，□□不足见也，听之不足闻也，用之不可既也。（35）

将欲拾（翕）之，必古（固）张之；将欲弱之，□□强之；将欲去之，必古（固）与之；将欲夺之，必古（固）予之。是胃微明。友（柔）弱胜强。鱼不脱于潚（渊），邦利器不可以视（示）人。（36）

道恒无名，侯王若守之，万物将自恣。恣而欲□□□□□□□之以无名之朴。无名之朴，夫将不辱，不辱以情（静），天地将自正。（37）

也，视之不足见也，听之不足闻也，用之不可既也。（35）

将欲擒（翕）之，必古（固）张之；将欲弱之，必古○强之；将欲去之，必古（固）与之；将欲夺之，必古（固）予□。是胃微明。柔弱朕（胜）强。鱼不可说（脱）于渊，国利器不可以示人。（36）

道恒无名，侯王若能守之，万物将自化。化而欲作，吾将闐（镇）之以无名之朴。闐（镇）之以无名之朴，夫将不辱，不辱以静，天地将自正。（37）

道　二千四百廿六

主要参考书目

楼宇烈：《王弼集校释》，中华书局，1980 年版。
《韩非子》之《解老》、《喻老》篇（中华书局 1960 年版《韩子浅解》）。
《老子道德经河上公章句》，中华书局，1993 年版。
《老子指归》，中华书局，1994 年版。
傅　奕：《道德经古本篇》，《经训堂丛书》本。
范应元：《老子道德经古本集注》，《续古逸丛书》本。
吴　澄：《道德真经注》，《四库全书》本。
焦　竑：《老子翼》，《四库全书》本。
高　亨：《老子正诂》，开明书店，1943 年版。
朱谦之：《老子校释》，中华书局，1984 年版。
蒋锡昌：《老子校诂》，商务印书馆，1939 年版。
马叙伦：《老子校诂》，北京古籍出版社，1956 年版。
马王堆帛书整理小组：《马王堆汉墓帛书＜老子＞》，文物出版社，1976 年版。
任继愈：《老子新译》，上海古籍出版社，1978 年版。
张松如：《老子校读》，吉林人民出版社，1981 年版。
陈鼓应：《老子注译及评介》，中华书局，1984 年版。
许抗生：《帛书老子注译与研究》，浙江人民出版社，1982 年版。

高　亨：《老子注译》，河南人民出版社，1980年版。

高　明：《帛书老子校注》，中华书局，1996年版。

古棣、周英：《老子通》，吉林人民出版社，1991年版。

黄　钊：《帛书老子校注析》，台湾学生书局，1991年版。

郑良树：《老子新校》，台湾学生书局，1997年版。

尹振环：《帛书老子与老子术》，贵州人民出版社，2000年版。

荆门市博物馆：《郭店楚墓竹简》，文物出版社，1998年版。

李　零：《郭店楚简校读记》，北京大学出版社，2002年版。

郭　沂：《郭店竹简与先秦学术思想》，上海教育出版社，2001年版。

丁原植：《郭店竹简＜老子＞释析与研究》，万卷楼图书有限公司，1998年版。

丁四新：《郭店楚墓竹简思想研究》，东方出版社，2000年版。

陈鼓应主编：《道家文化研究》第十七辑，三联书店，1999年版。

邢　文编译：《郭店老子：东西方学者的对话》，学苑出版社，2002年版。

罗根泽主编：《古史辨》第四册，上海古籍出版社，1982年版。

罗根泽主编：《古史辨》第六册，上海古籍出版社，1982年版。

钱　穆：《老子辨》，大华书局，1935年版。

詹剑峰：《老子其人其书及其道论》，湖北人民出版社，1982年版。

陈鼓应：《老庄新论》，中华书局香港有限公司，1991年版。

刘笑敢：《老子》，东大图书股份有限公司，1997年版。

熊铁基、马良怀、刘韶军：《中国老学史》，福建人民出版社，1997年版。

熊铁基等：《二十世纪中国老学》，福建人民出版社，2002年版。

图书在版编目(CIP)数据

老子 / 李存山注译. —郑州:中州古籍出版社,
2017.1(2018.4重印)
(国学经典典藏版)
ISBN 978-7-5348-6686-9

Ⅰ. ①老… Ⅱ. ①李… Ⅲ. ①道家②《老子》-注释
③《老子》-译文 Ⅳ. ①B223.1-49

中国版本图书馆 CIP 数据核字(2016)第 288170 号

出版社:中州古籍出版社
（地址:郑州市经五路 66 号　邮政编码:450002）
发行单位:新华书店
承印单位:郑州市毛庄印刷厂
开本:640mm×960mm　　1/16　　印张:12.25
字数:138 千字　　　　　　　　印数:3 001-6 000 册
版次:2017 年 1 月第 1 版　　　印次:2018 年 4 月第 2 次印刷

定价:36.00 元
本书如有印装质量问题,由承印厂负责调换。